3歳児～

造形道具別 発達の目安 早見表

	Ⅰ期（4月～6月）	Ⅱ期（7月～9月）	Ⅲ期（10月～12月）	Ⅳ期（1月～3月）
クレヨン・パス	楽しみながらたくさんかく	いろいろかいて楽しむ		
ペン	楽しみながらたくさんかく	いろいろかいて楽しむ		
絵の具		スタンピング・筆・ハケを使う		
はさみ	1回切り	2回切り / 連続切り		
のり	でんぷんのりでたくさん貼ってみる			接着面を意識してのりを使う
テープ	シール貼りを楽しむ / セロハンテープを使ってみる			
ホチキス	机の上に置き、両手で押してとめる	机の上に置き、片手で押してとめる		

3歳児の活動について

いろいろな用具を使うことを楽しもう

２歳児で得た基本的な用具の使用が発展し、同時に、セロハンテープやホチキスなどのはじめての用具との出会いもある時期です。いろいろな用具を使いながら表現活動を楽しみましょう。

クレヨン・パス／ペン

No.02 人物画をかこう！ P.11

※水性ペンでも楽しむことができます。

人物表現をもとに楽しかった思い出をかこう。

No.03 はじき絵 ビックリおばけ P.11

クレヨンの上から水彩絵の具を塗って、はじき絵を楽しもう。

絵の具

ロール紙に、スポンジと水彩絵の具で、みんなでかこう。

No.18 スポンジでかく「おおきなおいも」P.27

はさみ

No.29 カラフルコップ P.36

No.30 つるす飾り P.36

No.31 いろいろな形の飾り P.37

No.32 紙つなぎゲーム P.37

連続切りでどんどん切ったものを使って、しっぽとりをしよう。

○△□に切った色紙を、画用紙に自由にペッタン。

のり

No.51 こいのぼりバッグ P.50

封筒（角2）に紙テープを貼って、バッグを作ろう。

No.52 帯つなぎ P.50

のりを使って輪つなぎや、花の形など、いろいろな飾りを作ろう。

No.53 ○△□で作ろう P.51

No.58 迷路を作ろう P.54

色画用紙の上に、細長く切った色画用紙をつなげて迷路を作ってみよう。

テープ

クリアファイルにマスキングテープを貼って、おしゃれカバンを作ろう。

No.65 マステ★カバン P.61

No.66 コロコロ P.61

ラップの芯にマスキングテープを貼って、転がして遊ぼう。

ホチキス

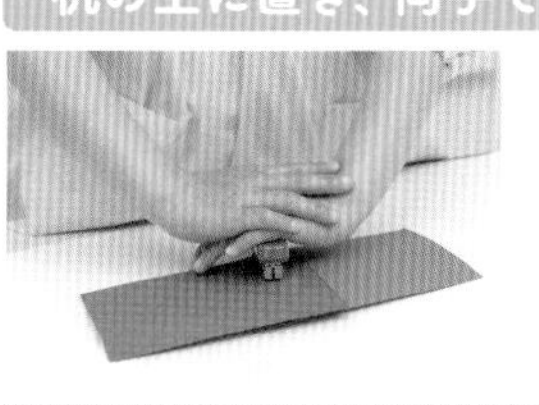

※この表で示している技法や作品の時期は、あくまでも目安です。子どもの成長に合わせて、無理なく造形活動を楽しんでください。

2歳児～

造形道具別 発達の目安 早見表

	Ⅰ期（4月～6月）	Ⅱ期（7月～9月）	Ⅲ期（10月～12月）	Ⅳ期（1月～3月）
クレヨン・パス	楽しみながらたくさんかく No.01 ぐるぐるいっぱい P.10 たくさんかくことで、使い方のコツをつかもう。 ※水性ペンでも楽しむことができます	楽しみながらたくさんかく（続き）	楽しみながらたくさんかく（続き）	楽しみながらたくさんかく（続き）
ペン	楽しみながらたくさんかく	楽しみながらたくさんかく（続き）	楽しみながらたくさんかく（続き）	楽しみながらたくさんかく（続き）
絵の具	タンポでかく No.16 水スタンプ P.26 No.17 3色しんぶんし P.26 スポンジタンポを使って新聞紙に自由にかく。	フィンガーペインティングを楽しむ No.15 ペッタントロトロ P.23 筆を使う No.20 ペンキやさんごっこ P.29	筆を使う（続き） 画用紙に絵の具を塗ることを楽しむ。	筆を使う（続き）
はさみ	手でさく・ちぎる No.25 ポンポンしんぶんし P.35 はさみを使う前に、手で新聞紙をさく感覚を経験する。 No.26 ヒラヒラ紙吹雪 P.35 はさみを使う前に、手で細かくちぎることを経験する。 1回切り No.27 ジュースやさん P.36	1回切り（続き） No.28 くるくるちゃん P.36 手をパー・グーとくり返す遊びの経験を生かして短い紙帯を切る。	1回切り（続き）	1回切り（続き）
のり		接着の基本を経験する No.48 水でペッタン P.48 No.49 ごはんつぶのりでペタッ P.49 ごはんつぶをすりつぶして、のりづくりにチャレンジ。	接着の基本を経験する（続き）	接着の基本を経験する（続き） No.50 でんぷんのりでどんどんつなごう P.49 新聞紙や紙テープを、どんどんのりでつなげて、長い帯にしよう。
テープ	セロハンテープの年齢別の使い方については、P.59の表を参照してください。	シール貼りを楽しむ セロハンテープを使ってみる No.63 おしゃれコップ P.60 透明コップに、ビニールテープやシールを貼ろう。	シール貼りを楽しむ（続き） セロハンテープを使ってみる（続き） No.64 カラフルビニールボール P.60 ビニール袋にシールを貼る。	シール貼りを楽しむ（続き） セロハンテープを使ってみる（続き）

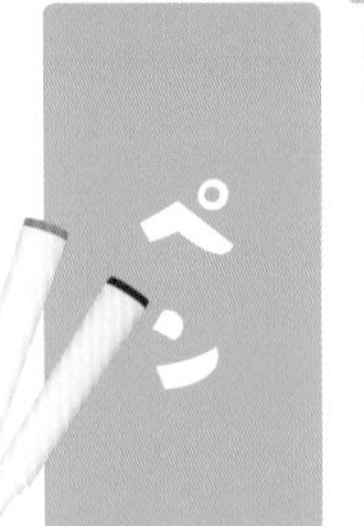

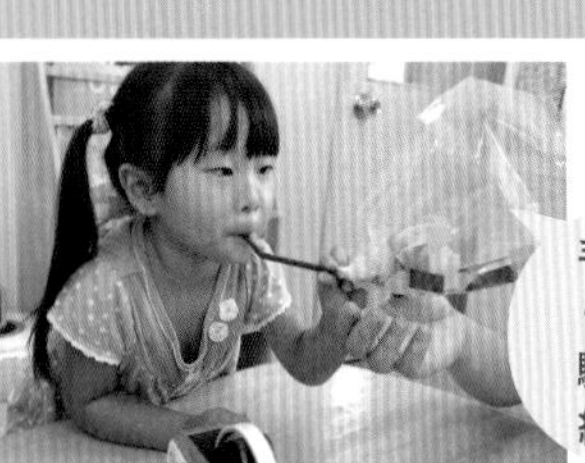
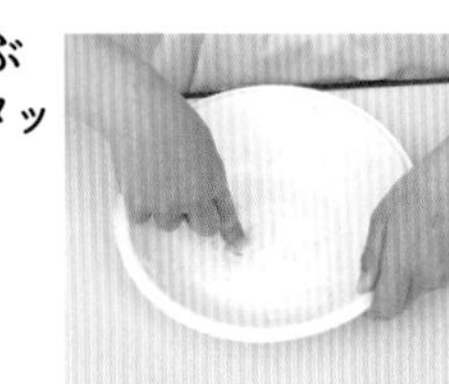

2歳児の活動について

はじめての用具を使うことを楽しもう

この時期はようやく自分の思いで身体が使えるようになります。3歳を過ぎると、はさみなど基本的な用具（道具）の使用も可能になり始めます。この時期は、用具の使用が楽しい遊びにつながる経験を積みあげることが大切です。

※この表で示している技法や作品の時期は、あくまでも目安です。子どもの成長に合わせて、無理なく造形活動を楽しんでください。

4歳児〜 造形道具別 発達の目安 早見表

Ⅰ期（4月〜6月）｜Ⅱ期（7月〜9月）｜Ⅲ期（10月〜12月）｜Ⅳ期（1月〜3月）

4歳児の活動について

いろいろな用具を生かして使うことを楽しもう

これまでに得られた様々な用具使用の経験を生かしながら、多彩な表現が可能になります。また、両面テープやマスキングテープなど新しい用具とも出会い、自分の気に入った用具を生かして表現する経験を存分に積み重ねましょう。

クレヨン・パス

いろいろな描画材を使ってかく

Ⅰ期 No.04 ケムシ P.12

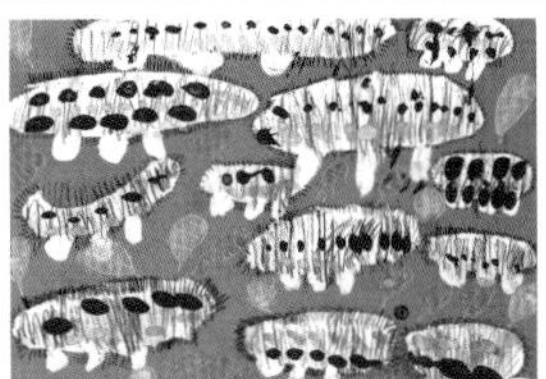

パスを使って、いなほをかいてみよう

Ⅲ期 No.05 いなほ P.12

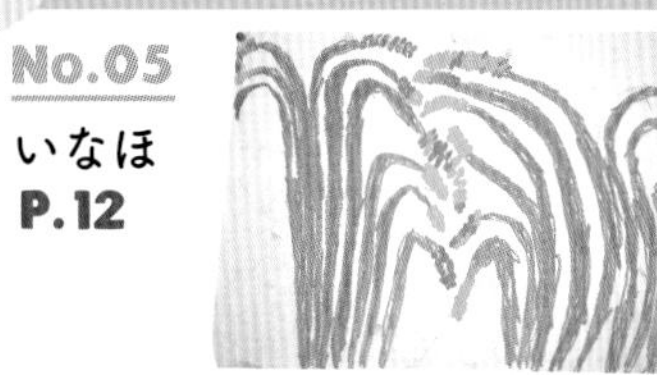

ペン

水性ペン・油性ペンを使ってかく

Ⅰ期 No.09 バッジを作ろう P.16

Ⅰ期 No.11 お絵かき Myコップ P.17

Ⅱ期 No.10 にじみ絵花火 P.16

油こし紙に水性ペンのインクを染み込ませ、花火を表現。

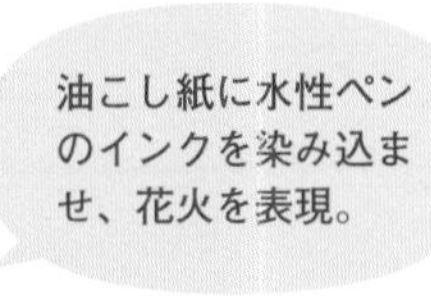

Ⅲ期 No.12 アルミホイル★モビール P.17

絵の具

スタンピング、筆、ハケを使う

混色を楽しむ

Ⅲ期 No.21 すてきなジャムやさん P.30

Ⅲ期 No.22 ひかる絵シアター P.31

ブラックライトを使って、ひかる絵をかこう。

Ⅳ期 No.19 スタンピングファッションショー P.28

はさみ

まっすぐ連続切り

Ⅰ期 No.33 新ヘコヘコくん P.38

ぐにゃぐにゃ切り

Ⅱ期 No.34 ぐにゃぐにゃ色紙 P.38

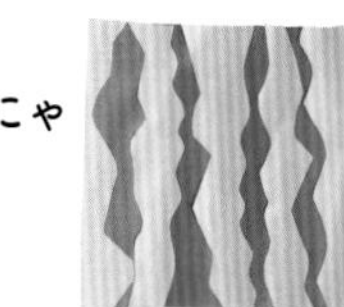

とめ切り

Ⅱ期 No.35 クルクルプロペラ P.39

Ⅱ期 No.36 キンペラ＆キャンペラ P.39

三角切り

Ⅳ期 No.37 クネクネちゃん P.40

ジグザグ切り

Ⅳ期 No.38 王冠＆ティアラ P.40

のり

面いっぱいに貼ったり、点で貼る

Ⅰ期 No.54 紙帯ムシ・アニマル P.52

Ⅱ期 No.55 七夕ちょうちん P.52

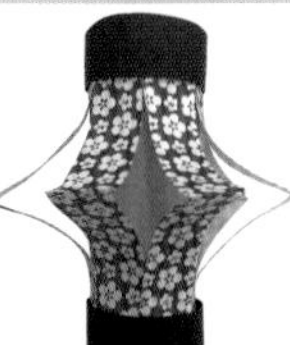

Ⅱ期 No.56 ぴょんぴょんタコさん P.53

強力両面テープで組み合わせて、ビニールテープで飾ろう。

接着面を意識してのりを使う

Ⅲ期 No.59 トンネルを作ろう P.54

テープ

色テープやセロハンテープを組み合わせる

Ⅱ期 No.67 でんでん太鼓 P.62

Ⅱ期 No.68 お花を咲かせよう P.62

Ⅱ期 No.69 ペットボトル船＆ロケット P.63

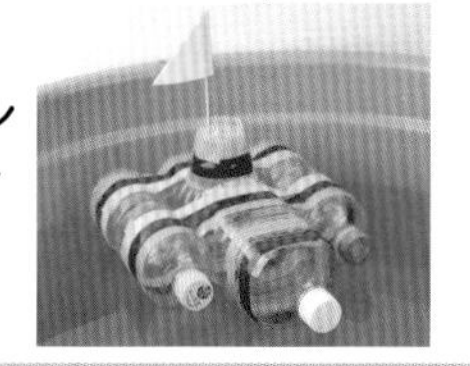

いろいろなテープを使う

Ⅲ期 No.70 ペンさし P.64

Ⅳ期 No.71 片段ボールごま P.64

両面テープを使って、片段ボールがよく回るコマに変身！

ホチキス

両手で持ち、握るようにとめる／片手で持ち、握るようにとめる

Ⅰ期 No.75 とめてとめてとめまくろう！ P.70

Ⅰ期 No.77 ホチキスでつないでみよう！ P.71

Ⅱ期 No.76 キュートホチキスバッグ P.70

Ⅱ期 No.78 ホチキスで帯つなぎ P.71

Ⅲ期 No.79 ホチキスでどんどんつなごう P.71

Ⅲ期 No.81 クリスマスカクタス P.72

Ⅳ期 No.80 ホチキスで紙帯ムシ・アニマル P.71

※この表で示している技法や作品の時期は、あくまでも目安です。子どもの成長に合わせて、無理なく造形活動を楽しんでください。

5歳児〜 造形道具別 発達の目安 早見表

Ⅰ期（4月〜6月）　Ⅱ期（7月〜9月）　Ⅲ期（10月〜12月）　Ⅳ期（1月〜3月）

5歳児の活動について

いろいろな用具を組み合わせて使うことを楽しもう

この時期は、これまでに得た用具の知識と経験が総動員され、はさみなどでは応用的な用具の使用も可能になります。自分の表現しようとすることにどんな用具を使えばいいかについても見通しができ、様々な用具を組み合わせて表現することが可能になります。

クレヨン・パス

様々な描画材と用具を組み合わせて作る（Ⅰ期〜Ⅱ期）

新しい技法を知ってかく（Ⅲ期〜Ⅳ期）

No.06 すてきな服ができた P.13

No.07 ○△□のもよう作り P.13

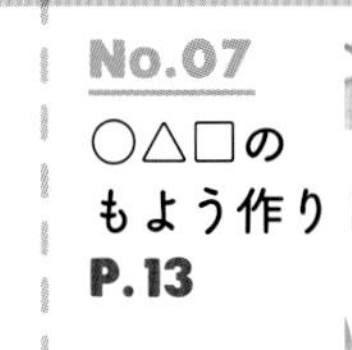

○△□を自由に組み合わせて絵をかこう。

No.08 スクラッチ展覧会 P.14

カラフルなパスの色を重ねて、ひっかき絵に挑戦。

ペン

水性ペンと油性ペンを使ってかく（Ⅰ期）

いろいろなペンを使い分けてかく（Ⅱ期〜Ⅳ期）

No.13 マジカル色水遊び P.18

ペンに水を混ぜてカラフルなジュースを作ります。

No.14 セル画に挑戦 P.18

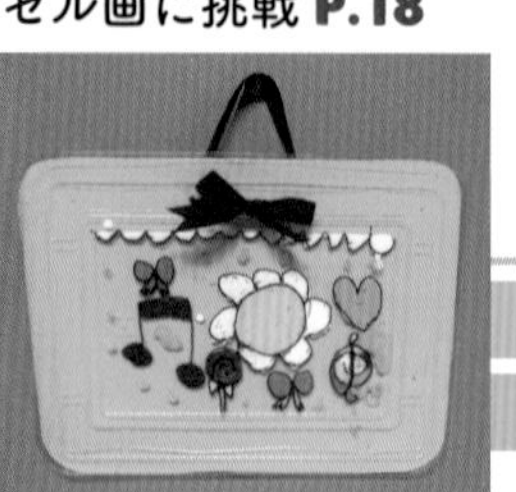

絵の具

混色を楽しむ

ローラーでかく

No.24 ローラーこいのぼり P.32

ローラーでダイナミックにかこう。

No.23 水玉おしゃれバッグ P.31

はさみ

重ね切り（Ⅰ期）

円切り（Ⅱ期）

ぐるぐる切り（Ⅱ期）

くりぬき＆穴あけ（Ⅲ期）

厚物を切る（Ⅲ期）

やわらかいものを切る（Ⅳ期）

硬いものを切る（Ⅳ期）

No.39 雪のもよう P.41

折りたたんだ色紙を、はさみで切ると、雪のもようができあがり。

No.40 クルクル車 P.41

No.41 らせんモビール P.42

No.42 紙コップパペット1号 P.42

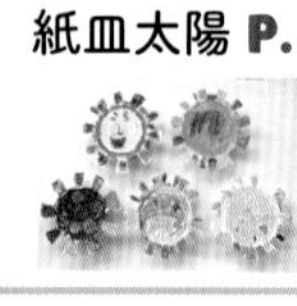

No.43 紙皿太陽 P.43

厚い紙皿に切り込みを入れて、いろいろな表情の太陽をかく。

No.44 ブンブンごま P.43

No.45 トコトコ宇宙人 P.43

No.46 かさ袋ロケット P.44

No.47 割りばしてっぽう P.44

のり

面いっぱいに貼ったり、点で貼る

接着面を意識してでんぷんのりを使う（Ⅰ期）

木工用接着剤を使う（Ⅱ期）

No.60 街を作ろう P.54

でんぷんのりを使って、色画用紙で立体的な建物を作ろう。

No.61 カタツムリ行進 P.55

片段ボールや段ボールを、木工用ボンドで接着。

No.57 ぐるぐる太陽 P.53

No.62 等身大のぼく・わたし〜春の風にのって〜 P.56

段ボールに布やいろいろな材料を貼って、将来なりたい自分の姿を等身大で製作。

テープ

大きな造形物を作る（Ⅲ期〜Ⅳ期）

No.72 マステ花火 P.65

No.73 段ボールの基地 P.65

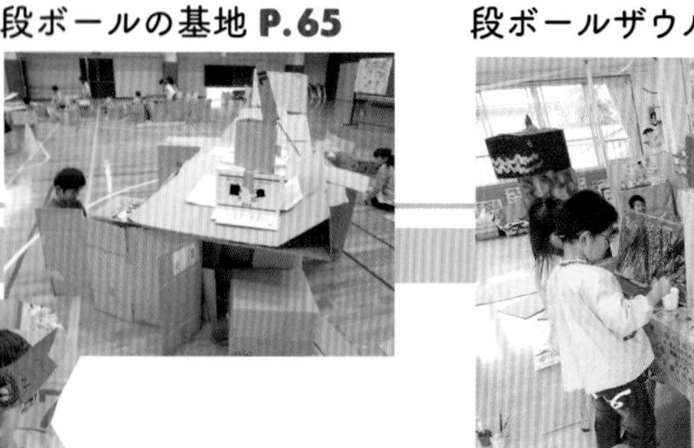

No.74 段ボールザウルス P.66

段ボールと布ガムテープを組み合わせて、巨大恐竜を作ろう。

ホチキス

片手で持ち、もう片方の手で紙を持ってとめる

No.82 ホチキスでぴょんぴょんタコさん P.72

No.83 ホチキスででんでん太鼓 P.72

No.84 マスク＆変身ベルト P.72

※この表で示している技法や作品の時期は、あくまでも目安です。子どもの成長に合わせて、無理なく造形活動を楽しんでください。

著 竹井 史（同志社女子大学教授）

はじめに

本書は、就学前までの子どもたちが、
小学校での造形活動や日常生活で必要となる道具(用具)の知識や技能を、
楽しみながら身につけることができる本「道楽本」として企画されました。
企画にあたっては、子どもたちの手先の巧緻性に関する発達、
道具(用具)の知識や技能面の系統性に配慮し、楽しく作って遊んで学べる題材を編成しました。
使用にあたっては、題材に目安になる該当年齢と時期を示していますが、
○歳○期だからこの課題という単純な当てはめではなく、子どもたちの道具(用具)使用の
現状などを把握して無理なく取り組めるところから段階的に始めてください。
そのことが、結果的に道具(用具)の知識や技能を身につけられる最良の近道になります。
本書が、作ることを楽しみながら道具(用具)の知識や技能を習得し、
無理なく小学校期に向かう基礎力を養う一助となればこれ以上の喜びはありません。

竹井 史

メイト

CONTENTS

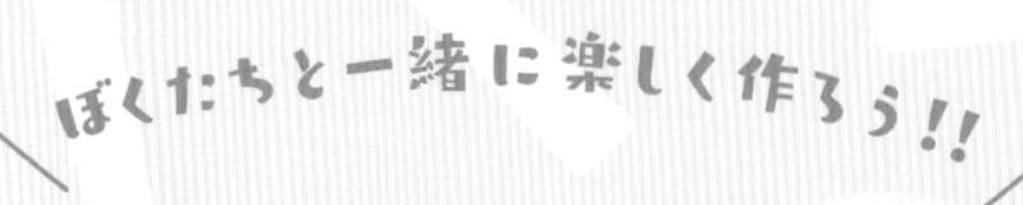

TOOL 01 クレヨン・パス

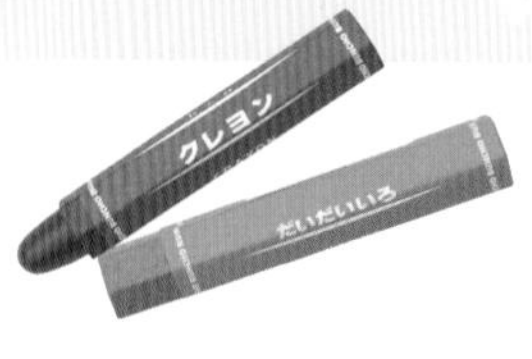

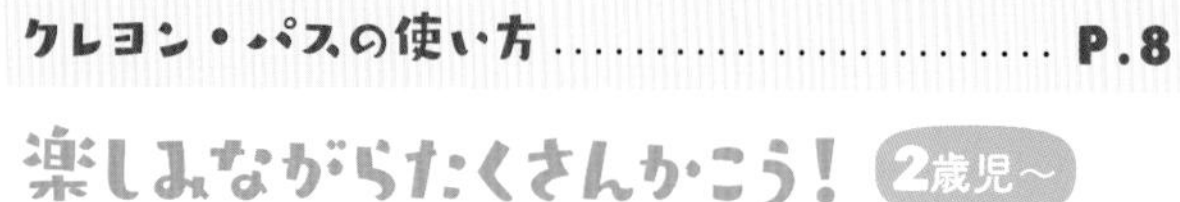

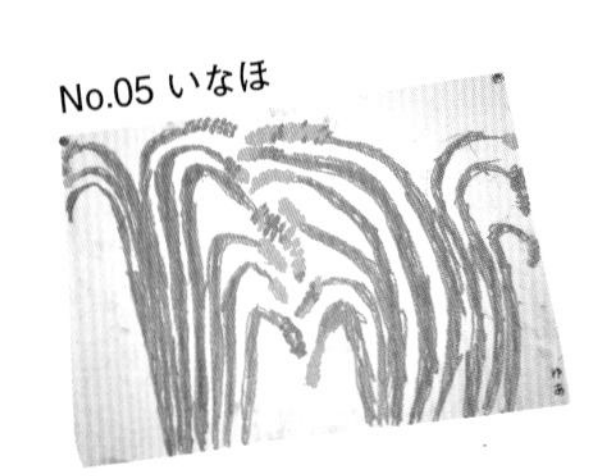
No.05 いなほ

No.08 スクラッチ展覧会

TOOL 02 ペン

No.12 アルミホイル★モビール

No.11 お絵かきMyコップ

TOOL 03 絵の具

TOOL 04 はさみ

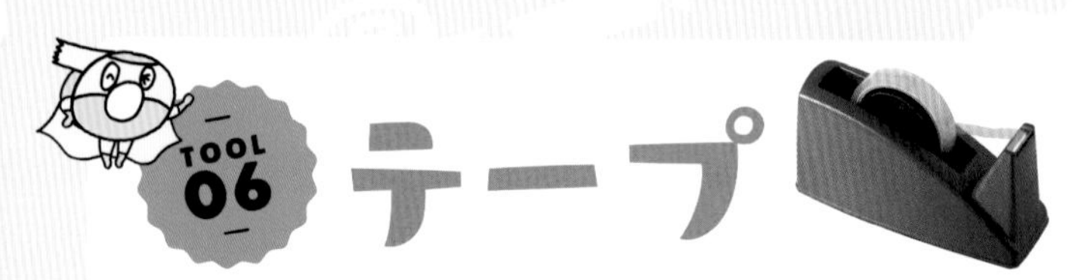

No.70 ペンさし

No.74
段ボールザウルス

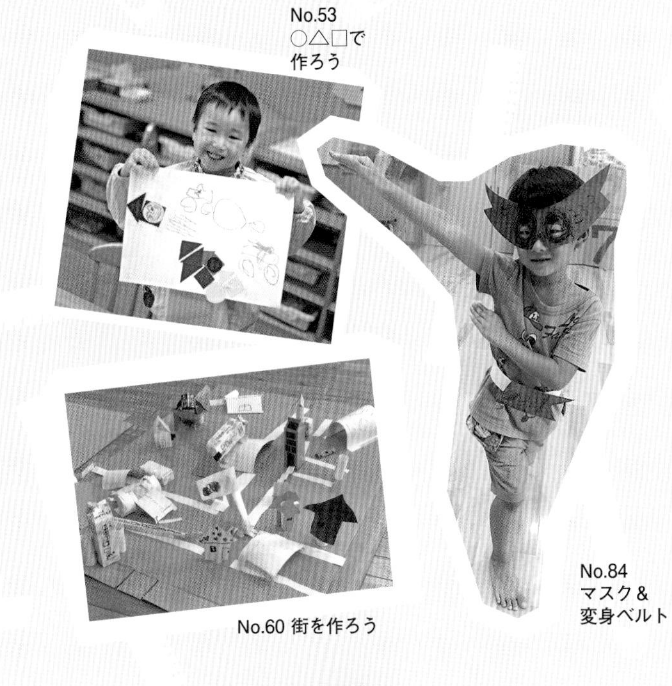
No.53
○△□で
作ろう

No.60 街を作ろう

No.84
マスク＆
変身ベルト

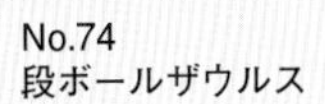

TOOL 07 ホチキス（ステープラー）

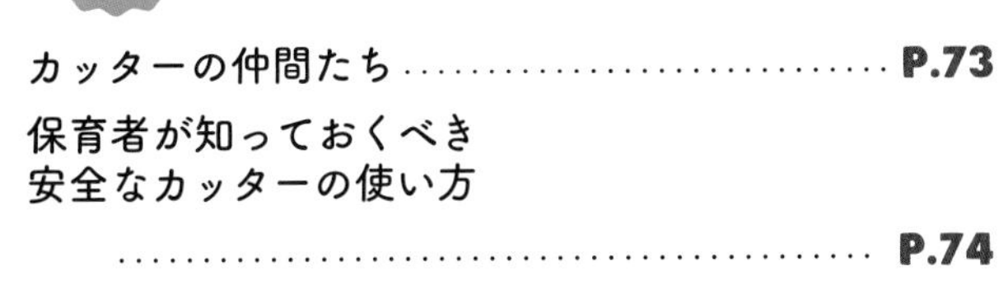

TOOL 08 いろいろな用具と材料 保育者用

道楽本

もっと保育に生かせる！

この本の使い方

本書の使い方の一例を解説します。子どもの発達に合わせて、様々な用具を正しく使いながら作品作りを楽しみましょう。

STEP 1 巻頭の 造形道具別 発達の目安早見表 で、子どもの発達に合った題材を見つける！

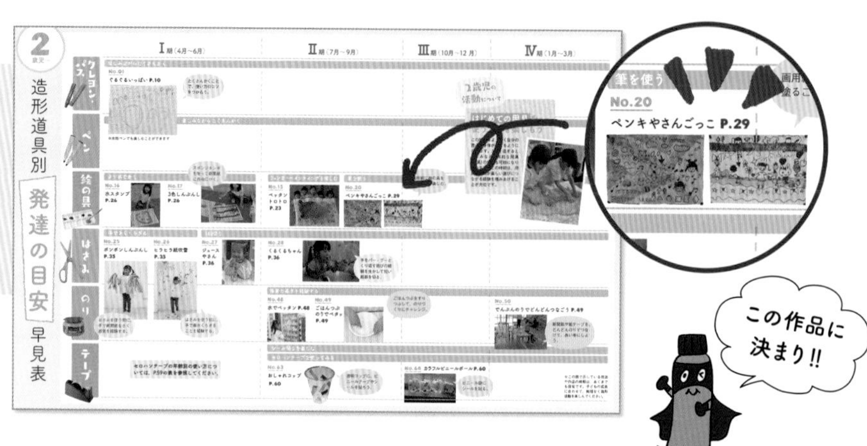

STEP 2 各用具について、援助・環境づくりのポイントを学ぼう！

STEP 3 早見表（STEP1）で探した作品の作り方を見て準備する！

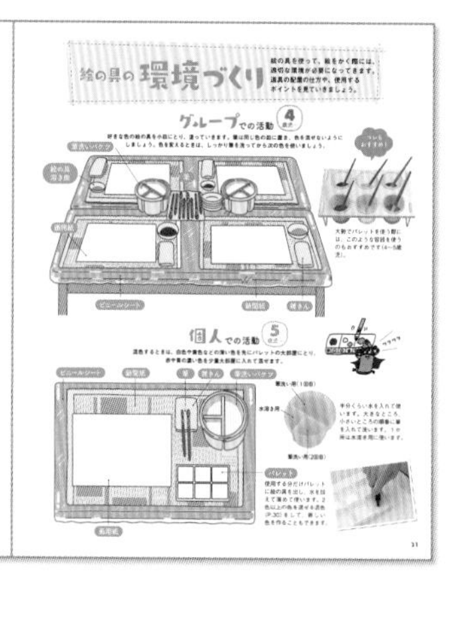

作品からも発達の目安がわかる！

巻頭の「造形道具別 発達の目安早見表」にリンクしているので、作品から発達の目安を探すこともできます。

STEP 4 子どもと楽しみながら実践！

STEP 5 発達に合った次の題材をセレクトしてトライ！

援助のポイント
保育者が援助する際に、ぜひ知っておいてほしいポイントです。

マメちしき
知っておくと役に立ち、理解がさらに深まる知識を紹介しています。

遊びのアレンジ
工夫することで、別の楽しみ方もできるアレンジ例を紹介します。

TOOL 01

描くことを楽しもうね！

クレヨン・パス

見た目が似ているクレヨンとパスは、子どもたちが最初に出会う、もっとも身近で魅力的な描画材です。2つの使い分けを知ると、描画の可能性が広がります。

クレヨン

主に顔料（色のもと）とロウを混ぜて固められたもので、パスに比べてかきごこちは硬めです。

材質が硬いため線がきに向く。透明感のある淡い感じの表現になる。

パス

クレヨンの成分より、油分を多く加えて作られたもので、かきごこちはやわらかで伸びがよいのが特徴です。

クレヨンよりもやわらかい線。伸びがよく面塗りにも向く。

【クレヨンとパスの違い】

	クレヨン	パス
ロウ成分	多い	少ない
油分	少ない	多い
混色	不向き	向く

注意しよう！

時代とともに材質が変化しています。

今のクレヨンは、昔と比べると油分が多くなり、特性がパスに近くなっています。また、商品よってても、いろいろなものがあるので、必ずしも名前だけで判断できません。事前に使用してみて、その特徴に合わせた使用法を考えていきましょう。

STEP 1 知ろう!

クレヨン・パスの使い方

クレヨン・パスの
持ち方や、かき方など、
基本となる使い方について
学んでいきましょう。

基本の配置

ビニールシートをかけたテーブルの上に新聞紙を敷き、その上に画用紙を置きます。利き腕のほうにクレヨン・パスを置きます。

置き方 ○ ×

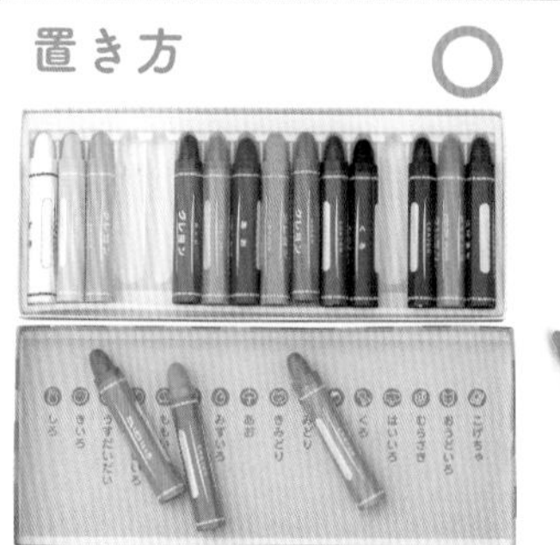

使ったクレヨン・パスは、元に戻すか、パッケージのふたなどに入れながらかいていきましょう。画用紙の上にバラバラに置いたり、何本も手に持っていたりすると、画用紙が汚れて、活動もスムースにいきません。

\持ちやすいように/

持ってみよう!

次の2例が基本的な持ち方です。
むずかしい場合は、握って持ちましょう。

鉛筆のように持つ

一般的な持ち方。力を入れすぎると折れてしまうので、先のほうを持って、ゆっくりていねいにかくようにしましょう。

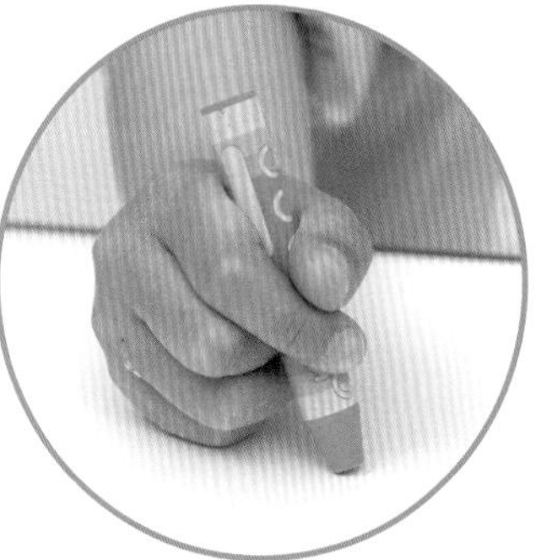

つまんで持つ

小さくなったクレヨン・パスを使うときや、幅広の線をかいて面塗りをするときは、上からつまむように持ちます。力の入れ方で様々な表現ができます。

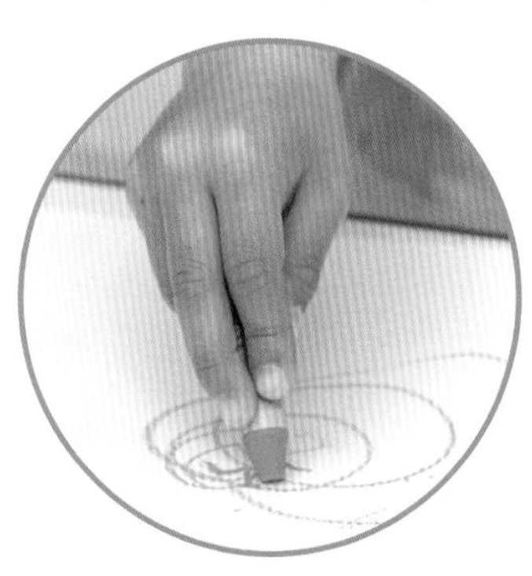

クレヨン・パスの魅力とは?

小さな子どもでも持ちやすく、水がなくても、すぐにかきたい色で絵がかけるのがクレヨン・パスの魅力です。一方、クレヨン・パスは、線が太く、細かな表現は苦手です。クレヨン・パスの特徴をしっかり把握しながら、子どもの表現する気持ちを援助していきましょう。

これが得意

- 手軽に多くの色で絵がかける
- 小さな子どもでも持て、かきやすい
- 濃淡やぼかしの表現がしやすい
- はじき絵(P.11)やひっかき絵(P.14)などもできる

これが苦手

- 細かな線で表現する
- 広い面を塗りつぶすこと
- 作業中に手や紙が汚れやすい
- クレヨンは色が混ぜにくい

線を比べてみよう!

細い線は、クレヨン・パスの角や先の部分を使います。太い線は、クレヨン・パスを立てるようにして、少し力を入れます。力の入れ方や角度で、様々な線をかきましょう。

	クレヨン	パス	
線			クレヨンはややかすれた味のある線になり、パスはなめらかな線でかくことができる。
くるくる	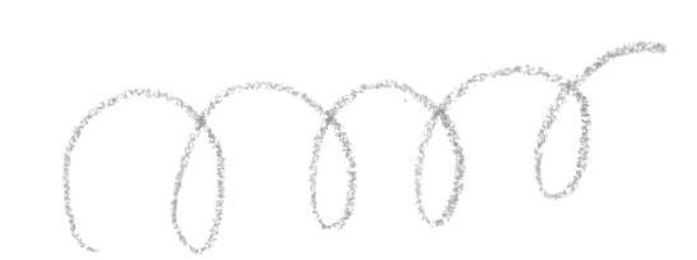		
ジグザグ			
面塗り(強く)			力の入れ方で濃さが変わる。クレヨン・パスいずれも面塗りは時間がかかる。
面塗り(弱く)			
重ね塗り			クレヨンは重ね塗りができ、パスは色が混ざり合う(混色できる)。

こんなときはどうする??

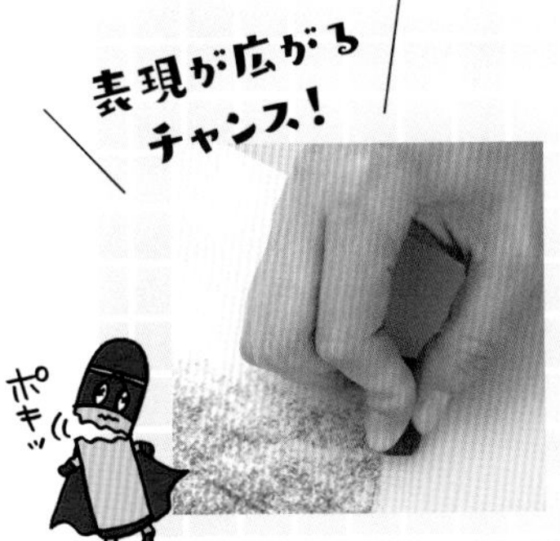

小さくなってしまったら?

クレヨン・パスを使っていると、折れるなどして小さくなってしまうことがあります。そんなときは、捨てずに胴に巻いてあるラベルの紙を取って、面塗り用にしましょう。

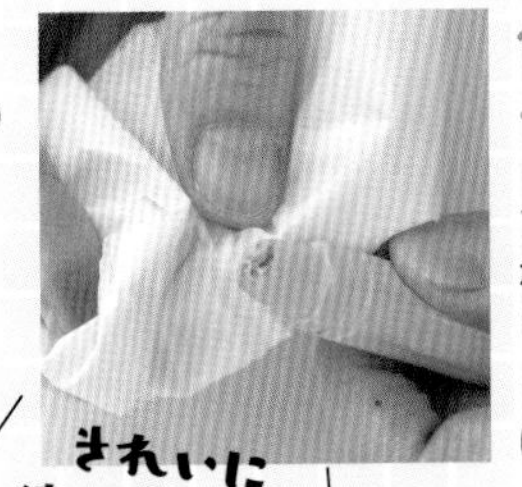

きれいに使うために!

色が混ざらないようにするには?

クレヨン・パスは先にほかの色のかすが残ることで、かいたときに色が混ざり、汚れることがあります。布やティッシュペーパーで汚れをふき取るようにしましょう。

STEP2 やってみよう!

楽しみながらたくさんかこう！

対象 2歳児〜

使い方で濃さや太さを変化させる

クレヨン・パスを使って自由にかきながら、力の入れ方で細い線や太い線になったり、重ねることで色が濃くなったりすることを体験しましょう。

No.01 ぐるぐるいっぱい

2歳児　Ⅰ期

準備するもの クレヨンまたはパス・画用紙

作り方＆遊び方

自分が好きな○を、ぐるぐるぐるぐると、たくさん重ねてかいていきます。

援助のポイント

●保育者も画用紙とクレヨンを持ち、「ぐるぐる〜」などと言いながら例示しましょう。
●「どんな色を使ったら楽しいかな？」などと声をかけ、いろいろな色を使う経験をしましょう。
●「大きなぐるぐるさんだ〜」「かわいいぐるぐるさんだね〜」など、大きさの違いにも気づけるような声かけを。

濃い線で、いろいろな大きさのぐるぐるをかいて塗ってみよう。

最初に大きな緑のぐるぐるをかいてから、小さなぐるぐるをかくと、「お父さんぐるぐる、赤ちゃんぐるぐる」などと見立てての話ができます。

画面いっぱいにぐるぐるをかいたよ！

キャンディーみたい

色を重ねてぐるぐるしたよ！

虹色のぐるぐるができたー

くりだしクレヨンもおすすめ

低年齢児には、持ちやすくて折れにくい「くりだしクレヨン」もオススメです。芯を少しずつ出してシャーペンのように使います。

いろいろかいて楽しもう！

表現の幅を広げ、楽しみながらかく

クレヨン・パスに慣れてきたら、友達や家族などの人物画をかいてみましょう。
水彩絵の具と一緒に楽しむはじき絵（バチック）にも挑戦してみましょう。

No.02 人物画をかこう！

準備するもの クレヨンまたはパス・画用紙

作り方＆遊び方

クレヨンを使って、自由に人物画をかいてみましょう。

お友達とプールで遊んだよ。

お父さん・お母さんと一緒に、お外でおさんぽしたよ。

援助のポイント

日常生活の楽しかった話を聞きながら、表現につながる具体的なイメージを引き出しましょう。

No.03 はじき絵 ビックリおばけ

準備するもの
クレヨンまたはパス・色画用紙・水彩絵の具・水・プラスチックカップまたはおわん・筆

作り方＆遊び方

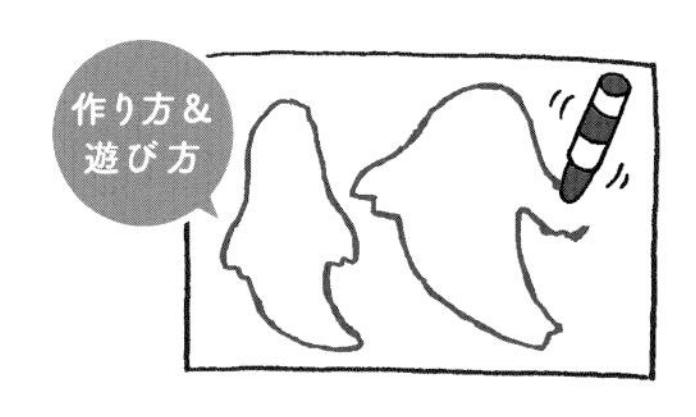

1. 画用紙に薄い色のクレヨンで、おばけの輪郭やもようをかきます。
2. 水に溶いた濃度の薄い水彩絵の具を、たっぷり筆に含ませてサーっと画用紙に塗ります。
3. クレヨンでかいた絵が浮かび出たら、クレヨンで目や口を加えます（先に顔をかいてもよい）。

黒画用紙に、黒いクレヨンでかいて上から白の絵の具を塗ったらおばけが出てきた！

いろいろな描画材を使ってかく！

よーく観察して、色や質感もかこう！

対象 4歳児～

実物や写真などをよく見ながら、その色や質感まで、クレヨン・パスを使って表現していくことを目指しましょう。

No.04 ケムシ

4歳児 Ⅰ期

準備するもの クレヨンまたはパス・色画用紙・水彩絵の具・水・筆・パレットなど

作り方&遊び方

1. 色画用紙に水彩絵の具でケムシの形や模様をかきます。
2. 水彩絵の具が乾いたら、クレヨン・パスでケムシの毛や葉っぱなど、細かい部分をかきます。

援助のポイント

- 「ケムシは自分の身を守るためにトゲや毒をもっているからさわっちゃだめだよ」と注意ポイントを示しましょう。
- 「ケムシをよく見たら、きれいな色がたくさん見えるよ。どんな色があるかな？」と言葉かけしましょう。
- 1匹描けたら、2匹、3匹と増やしていきましょう。

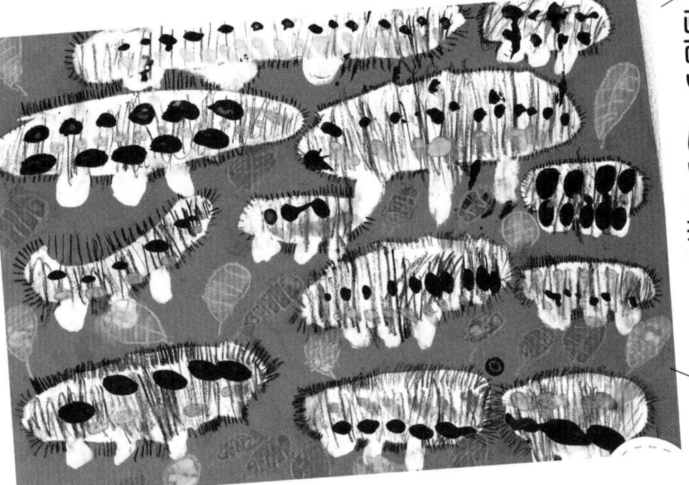

大小のケムシを、画面いっぱいに描いたよ！

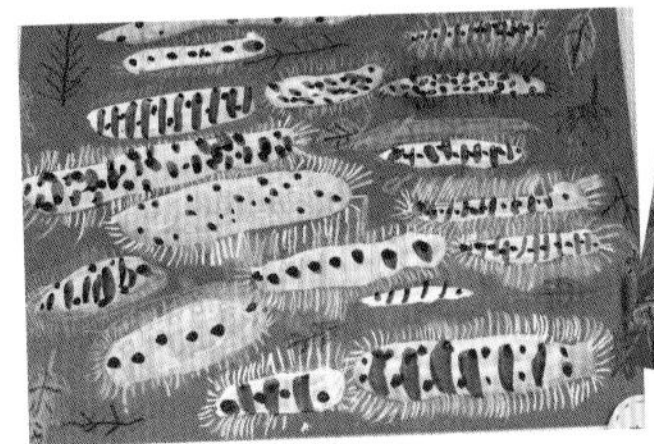

青色・黄色・赤色など、カラフルなケムシがいっぱい。

毛の質感を、上手に表現したね。

No.05 いなほ

4歳児 Ⅲ期

準備するもの クレヨンまたはパス・画用紙

作り方&遊び方

いなほの色や形をよく見て、クレヨンなどで画用紙にかいていきましょう。

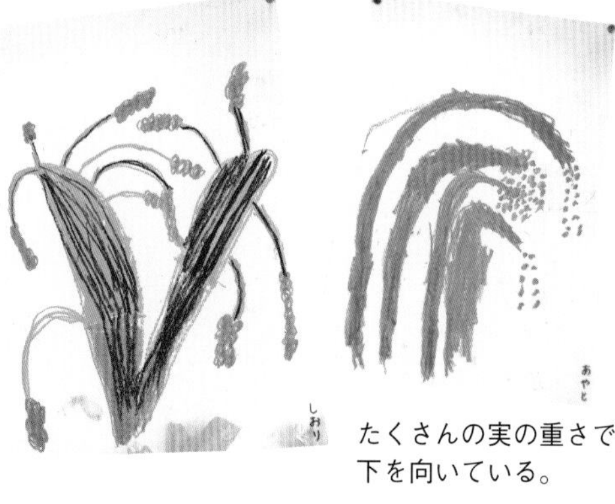

束になったぐにゃぐにゃいなほ。

たくさんの実の重さで下を向いている。

田んぼにはたくさんのいなほがあった！

様々な描画材と用具を組み合わせて作る！

対象 5歳児〜

さらにバージョンアップした描画作品を経験しよう！

かくだけの作品から、切ったり貼ったりする作品を組み合わせていきます。デザインすることを意識するような言葉かけもしましょう。

No.06 すてきな服ができた

5歳児 Ⅰ期

準備するもの

色画用紙（八ツ切り）・クレヨンまたはパス・型紙（保育者が作る）・鉛筆・はさみ・画用紙（四ツ切り）・のり・絵の具など

作り方＆遊び方

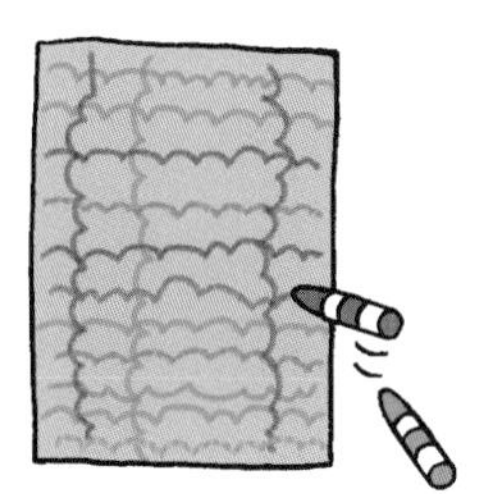

① 色画用紙に、クレヨン・パスでいろいろな線をかきます。

② 型紙を置いて、鉛筆でかたどります。

③ はさみで切ってから画用紙にのりで貼って、顔や手足をかいて完成。

援助のポイント

「どんな模様の服にしようか？」と投げかけ、なみなみ、まるまる、ぐにゃぐにゃなど、いろいろな模様を発明しましょう！

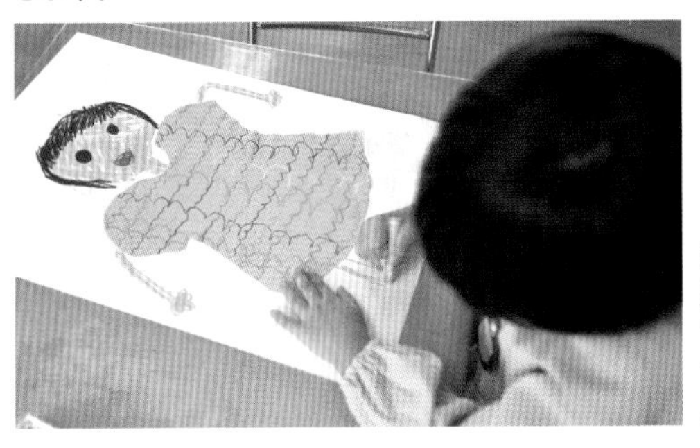

服の布地部分を色画用紙ではなく絵の具でかいても楽しいです（P.29ペンキやさんごっこ参照）。

No.07 ○△□のもよう作り

5歳児 Ⅱ期

準備するもの

クレヨンまたはパス（ペン）・画用紙

作り方＆遊び方

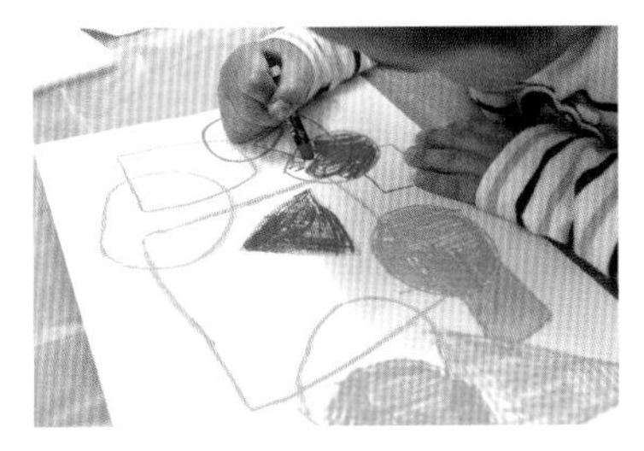

① ○と△と□の３つの図形を自由に重ねてかいていきましょう。

② ３つの形を組み合わせて、家や草など、町に見立てました。

③ △を重ねた星、○と□で車と木、ブタさんだってかけちゃいました。※ペンを組み合わせて楽しむこともできます。

新しい技法を知って、かいてみよう！

ひっかき絵（スクラッチ）をやってみよう！

対象 5 歳児～

クレヨン・パスの特徴を生かして、表現の幅を広げましょう。

No.08 スクラッチ展覧会

5歳児 Ⅲ期

準備するもの　クレヨンまたはパス・画用紙（八ツ切りの1／4）・割りばしまたは丸ばし・色画用紙（八ツ切りの1／2）・穴あけパンチ・リボン

作り方＆遊び方

スクラッチに使う割りばし

竹串だと細すぎるし、普通の割りばしだと太すぎる。割りばしを鉛筆けずりで削って先を細くしたり、丸ばしを使うと◎。

❶ 画用紙いっぱいにゴシゴシと色を塗っていきます。

❷ 上から黒のクレヨンで塗りつぶしていきます。

❸ 真っ黒に塗りつぶしたら、割りばしを使ってけずってかいていきます。

援助のポイント

●スクラッチの技法の画用紙は、八ツ切りの1/4から1/8くらいのサイズを目安にしよう。
●背景は明るい色を塗るとよく浮き出ます。

完成! カラフルなウサギさんが飛び出してきたよ！

できたよ～！ 大満足のできあがり！

最後はクラスみんなでハイチーズ！

かわいく飾ろう！

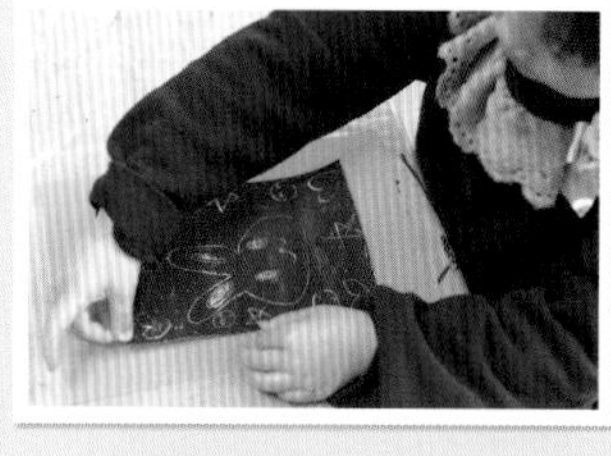

1 八ツ切りの1／2サイズの色画用紙に、スクラッチ画をのりで貼ります。

2 色画用紙で額ぶちを作り、穴あけパンチで穴をあけて、リボンを通して結んで完成。

TOOL 02

ペン

4つの種類のペンを使い分けよう！

手軽で色鮮やかな描画ができるカラーペンは、種類によって特性が大きく異なります。素材との相性や、それぞれのペンがもつ特徴を理解して使用しましょう。

水性ペン

水性染料ペン

発色：★★★

耐性：★★
（乾燥後）

適している遊び
- 紙類への描画
- にじみ絵
- 染め紙遊びなど

弱い筆圧で紙にサラサラかけます。

水性顔料ペン

代表的なのがポスカ。乾いたあとなら、重ね塗りもできる。

適している遊び
- 色鮮やかな描画
- 重ね塗り
- プラスチック類への描画

※折り曲げに弱い。

発色：★★★

耐性：★★
（乾燥後）

油性ペン

油性染料ペン

いろいろなものにかくことができる。

発色：★★

耐性：★★★
（乾燥後）

適している遊び
- プラスチック類への描画
- 金属・ガラスなどへの描画

※画用紙など吸水性のある紙にかくと染料が染み込み、色が濃くなる。

油性顔料ペン

油性でありながら消しやすいペン。

発色：★★

耐性：★ ※ホワイトボードのとき。
（乾燥後）

適している遊び
- ホワイトボード遊び

★この章では、4歳児～の遊びを紹介しています。2・3歳児～のペンを使った作品は、P.10～P.11のクレヨン・パスの作品（No.03は除く）で、ペンに置き換えて取り組むことができます。

水性ペン遊びをやってみよう！

かきやすい水性ペンを造形表現に活用しよう！

対象 4 歳児～

発色のよい水性顔料ペン（ポスカ）を使ったカラフルなバッチや、
水性染料ペンのインクを利用した油こし紙を染める遊びを体験してみましょう。

No.09 バッジを作ろう

4歳児 Ⅰ期

準備するもの

水性顔料ペン（ポスカ）・画用紙・はさみ・ラミネーター（またはクリアファイルとセロハンテープ）・安全ピン・布ガムテープ

作り方＆遊び方

1. ペンで絵をかき、まわりをはさみで切ります。
2. 紙をラミネートします。なければ、クリアファイルではさんでから絵の形で切り、セロハンテープでとめます。
3. 安全ピンに布ガムテープを通し、半分だけとめて、残りの半分で画用紙に固定します。

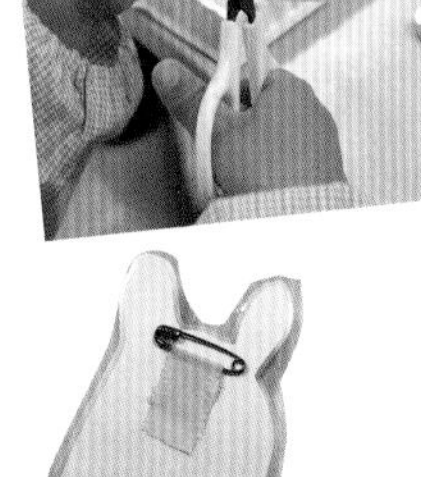

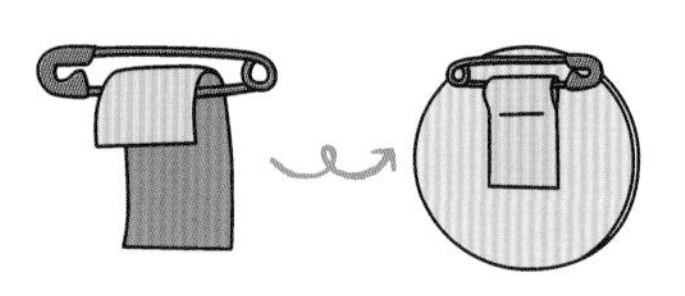

ラミネートすると、しっかりとしたバッジになります。

No.10 にじみ絵花火

4歳児 Ⅱ期

準備するもの

水性染料ペン・油こし紙・新聞紙・色画用紙（青や黒など）・強力スティックのり・クレヨン

援助のポイント

- 水性ペンで染めるときは、紙の裏までゆっくりインクを染み込ませます。
- 染めた紙を貼るときは、強力スティックのりがGood！　水分が多いのり類は×。

作り方＆遊び方

1. 油こし紙を3回折りたたみます。
2. ペンのインクを油こし紙にゆっくり染み込ませたあと、開くと花火になります。
3. 油こし紙を色画用紙にのりで貼って、クレヨンなどで絵をかきます。

ひゅる ひゅる ドーン！

水性ペンの鮮やかな花火が夜空を彩ります。

油性染料ペンでかこう!

いろいろなものにかける油性染料ペン!

ガラスや金属、プラスチックなど、幅広くかける油性染料ペンならではの適応力の広さを生かした造形に挑戦します。

No.11

お絵かきMyコップ

準備するもの
油性染料ペン・透明コップ

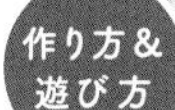

透明コップの外側に、いろいろな色の油性ペンで絵をかきます。面を塗るときはペンを一定の速さで動かすときれいに塗れます。

好きなキャラクターをかいたり、もようをかいたり、世界に一つだけのコップが完成です。

マメちしき

用途に合わせて水性ペン・油性ペンを使おう!

水性ペンは紙へのかきごこちがよくスラスラかけますが、プラスチック類ははじいてしまいます。油性ペンはプラスチックにもかけますが、紙の種類によっては色がにじんだり、濃くなったり、裏写りしたりすることがあります。

No.12

アルミホイル★モビール

準備するもの
油性染料ペン・アルミホイル・テグス(またはもめん糸)・セロハンテープ

作り方&遊び方

1. アルミホイルに油性染料ペンで好きな絵やもようをかきます。
2. 手やはさみで切って、テグスにセロハンテープでとめていきます。

ぶらさげるとキラキラ輝いてきれいです。

ペン　マジカル色水遊び／セル画に挑戦

いろいろなペンを使い分けてかく！

染料と顔料の違いを生かして使う

対象 5歳児〜

水性染料ペンのインクと水を合わせて色水を作ったり、かける範囲が広い水性顔料ペンでプラスチックに絵をかいたり、水性ペンの特徴を生かして遊びましょう。

No.13 マジカル色水遊び

5歳児 Ⅱ期

準備するもの
水性染料ペン・透明コップ・水・かき まぜ棒（割りばしなど）

1. 透明コップの内側に、水性染料ペンで色づけをします。

2. 違う色を加えます。

3. 透明コップに水を注ぐと混色された色水になります。

4. できあがった色水に、いろいろな名前をつけたり、味を想像したりしながら、ジュースやさんごっこを楽しみましょう。

援助のポイント

●水性ペンで色をつけるときは、必ず乾いたコップに塗る。
●ペンは赤・青・黄の３色を用意して組み合わせる（混色する）と、いろいろな色水ができます。

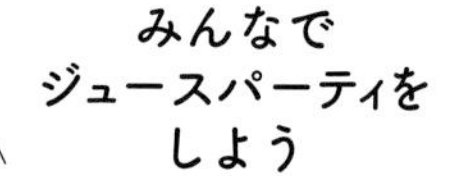
みんなで ジュースパーティを しよう

カンパーイ

No.14 セル画に挑戦

5歳児 Ⅲ期

準備するもの
水性顔料ペン（ポスカ）・プラスチックケースのふた（または透明シート）・キリ・リボン・色画用紙

1. プラスチックケースのふたの内側に、ポスカで絵をかきます。

わあ！ 表にしたらとってもきれいだ！

2. キリで穴をあけて、リボンを通して両方を結びます。

どんな色画用紙を 合わせたらいいか 考えてみよう！

プラスチックのふたに色画用紙を合わせて貼ると、セル画が引き立ちます。

マメちしき

染料と顔料の違いは？

染料は紙に染み込みやすく透明性が高いのが特徴。一方、顔料は紙に染み込みにくいですが、紙の上に色がのって下地を隠す性質があります。

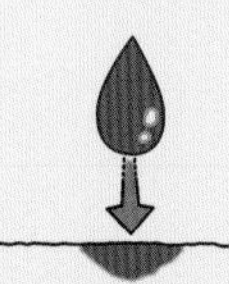
染料インクは 紙に染み込む

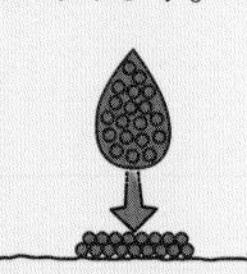
顔料インクは 表面に定着する

TOOL 03

絵の具

絵の具の活動は、環境づくりがとても大切です。絵の具の種類はもちろん、筆やパレットの使い方もきちんと知っておくことで、スムースに進められます。

水彩絵の具

透明と不透明の中間くらいの絵の具で、混色が可能。薄く塗れば下地を生かした絵や重色効果を生かした絵をかけ、濃く塗れば下地を隠せます。一般的に保育現場でもっとも多く使用されている絵の具です。

アクリル絵の具

不透明の絵の具で、混色も可能。紙以外にも、木・布・金属・プラスチック・発砲スチロールなど、幅広い材質に着色することができます。乾くと耐水性になるため、屋外で展示する作品などに向いています。パレットや服についた色は、乾く前に水洗いをしましょう。

ポスターカラー

不透明の絵の具であるため、色を重ねて塗っても下の色に影響されず、きれいに発色するのが特徴です。ただし、耐水性はありません。

マメちしき

透明と不透明の違いは？

絵の具には、透明と不透明の2種類があります。その違いは、下の色や素材が透けるか透けないかです。一般的に使用される水彩絵の具は中間の性質をもっています。

薄く塗った水彩絵の具

透明（すけている）

ポスターカラー

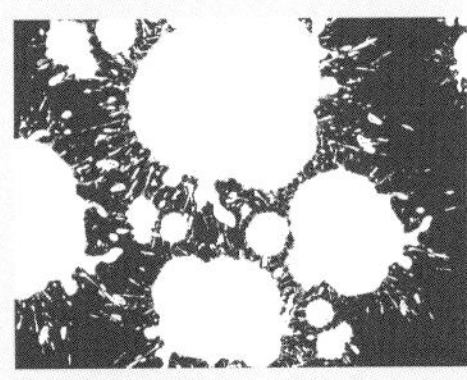

不透明（すけていない）

STEP 1 知ろう！

絵の具の楽しみ方

絵の具を使ってかく用具には、いろいろな種類があります。目的や発達に応じて、どの用具を使うか選択することが大切です。

フィンガーペインティング

P.23へ

自分の手や指を使って、絵の具で紙などに色をつけたり、模様をかいていきます。まずは絵の具のおもしろさを、自分の体を通して経験しましょう。

対象 2 歳児～

スタンピング

P.24へ

「タンポ」などに絵の具をつけて、紙などに押すことで、同じ模様を手軽にたくさん作れます。スタンピングはいろいろな素材で楽しむことができます。

筆

P.29へ

筆を使うことで、自分で考えたイメージを、紙などに表現することができます。筆の太さによってもかける線が変わってきます。

ハケ

P.29へ

筆よりも毛の幅が大きく、広い面を塗るのに適しています。はみ出さないように注意が必要です。

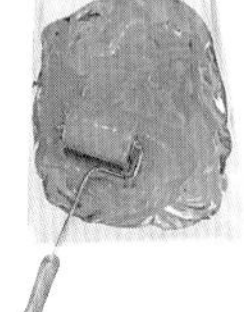

ローラー

P.32へ

ハケよりもさらに効率よく広い面を塗ることができ、ローラーによる独特の線がかけます。大きな製作物のときなどに使用しましょう。

技法別発達表

	1歳児	2歳児	3歳児	4歳児	5歳児
フィンガーペインティング	△	○	○		
スタンピング	△	○	○	○	○
筆		△	○	◎	◎
ハケ			△	○	○
ローラー				△	○

◎…とても向いている　○…向いている　△…チャレンジできる

※このページでの対象歳児は、チャレンジできる歳児から表記しています。作品中の歳児表記とは異なることがありますので、ご了承ください。

絵の具の環境づくり

絵の具を使って、絵をかく際には、適切な環境が必要になってきます。道具の配置の仕方や、使用するポイントを見ていきましょう。

好きな色の絵の具を小皿にとり、塗っていきます。筆は同じ色の皿に置き、色を混ぜないようにしましょう。色を変えるときは、しっかり筆を洗ってから次の色を使いましょう。

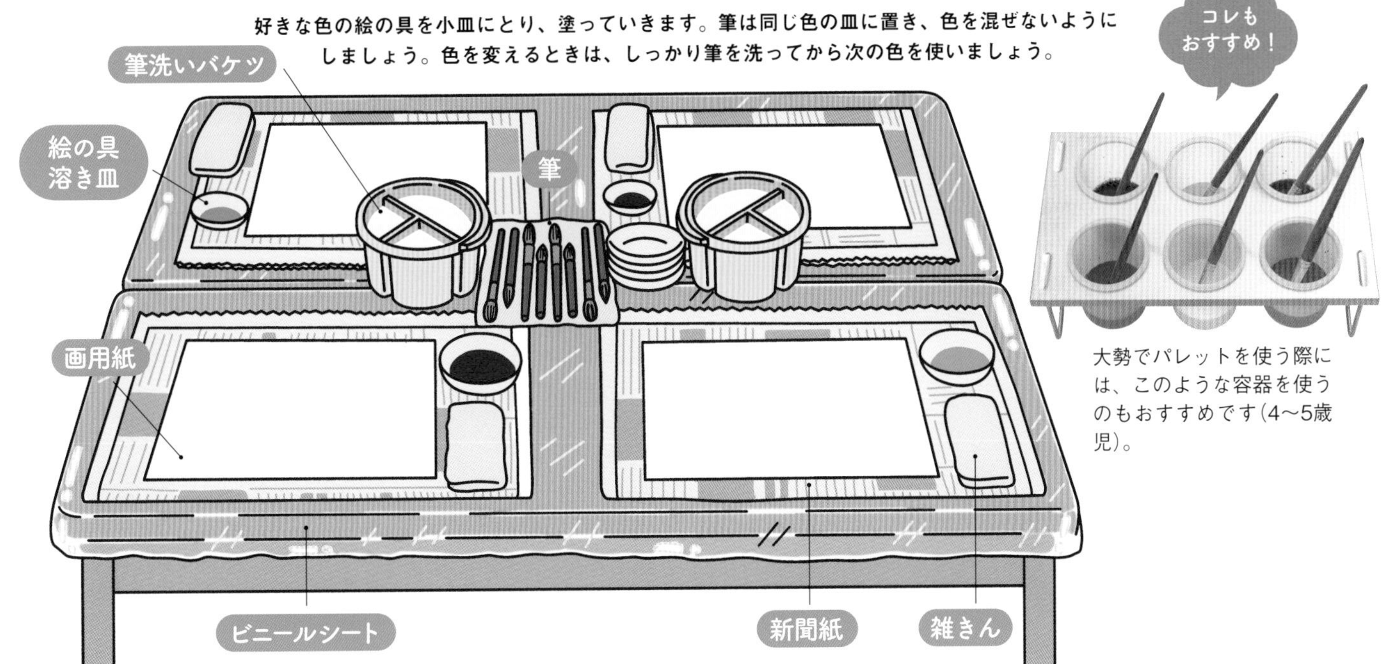

コレもおすすめ！

大勢でパレットを使う際には、このような容器を使うのもおすすめです（4～5歳児）。

個人での活動 5歳児～

混色するときは、白色や黄色などの薄い色を先にパレットの大部屋にとり、赤や青の濃い色を少量大部屋に入れて混ぜます。

ワクワク

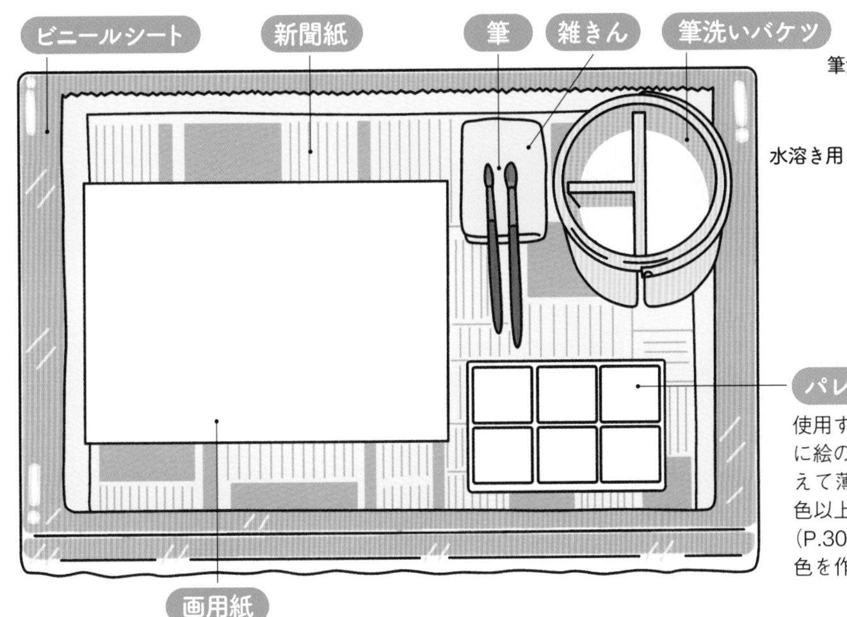

筆洗い用（1回目）
水溶き用
筆洗い用（2回目）

半分くらい水を入れて使います。大きなところ、小さいところの順番に筆を入れて洗います。1か所は水溶き用に使います。

パレット

使用する分だけパレットに絵の具を出し、水を加えて薄めて使います。2色以上の色を混ぜる混色（P.30）をして、新しい色を作ることもできます。

筆の使い方&かたづけ方

絵の具を使ってかく用具には、いろいろな種類があります。目的や発達に応じて、どの用具を使うか選択することが大切です。

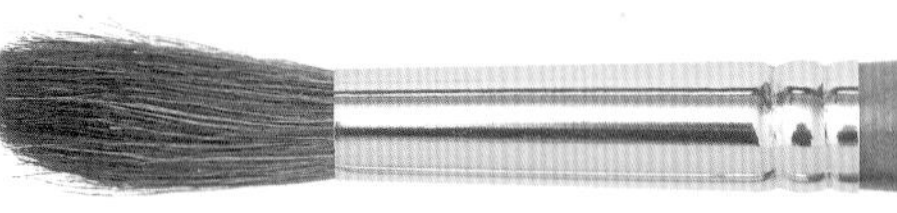

●天然毛筆20号

●天然毛筆16号

●ナイロン筆14号

筆の大きさは、○号と数字で表され、大きくなるほど太くなります。また、筆の形は、丸筆・平筆などがあります。材質も豚や馬などの天然毛と、ナイロンなどの人工素材があります。幼児にはナイロン素材も扱いやすくおすすめです。

POINT
筆でかくときは、写真のように毛の上まで絵の具を染み込ませます。

筆は太くなるほど線が太くなります。ナイロン筆は毛にコシがあるので、線の太さを調整しやすい。

筆の持ち方

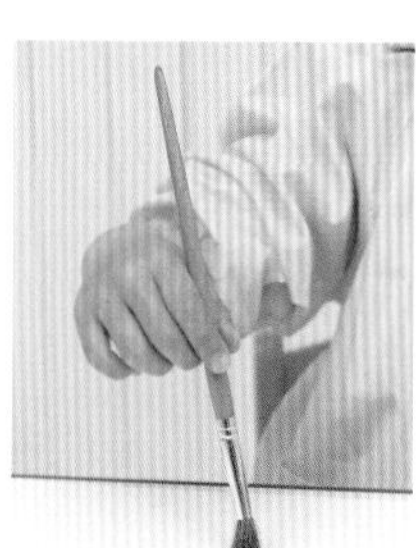

鉛筆を持つように柄を軽く持ち、穂先を自由に画面にあてられるようにします。

握るように筆を持つと、力が入りすぎて、特有のタッチが表現できなくなり、筆をいためる原因にもなります。

絵の具の溶き方

❶ 毛に水を含ませて、筆洗いバケツのふちで水をしごいたあと、雑きんなどで水分を調整し、穂先を整えます。

❷ 水を含ませた筆で、円をかくように絵の具を溶いていきます。

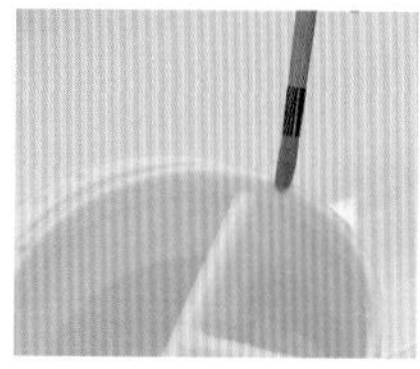

注意しよう!

活動のスペースが限られる中で、一度に何色も絵の具を準備すると、かけるスペースが狭まり、かたづけも大変になります。一度に使ってもよい量や色数、混ぜ方などを伝える援助をしていきましょう。

かたづけ方

溶き皿やパレット

バケツや筆洗いバケツにためた水を使って、筆で絵の具を落とします。細かい部分は、少量の水道水を流しながら洗いましょう。

筆

筆洗いバケツで洗ったあと、水で流しながら指でもみ洗いしましょう。そのあと、布などで水気を取って、よく乾燥させます。

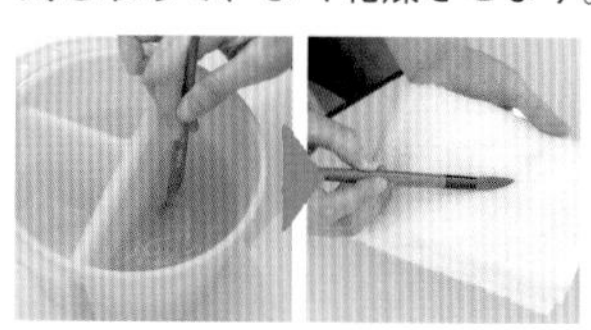

STEP2 やってみよう！

フィンガーペインティングを楽しむ！

自分の手を使って、絵の具で遊ぼう！

対象 2歳児〜

絵の具に最初に親しむ段階として、自分の手で絵の具を塗っていく体験がおすすめ。感触を楽しみながらペインティングをしましょう。

No.15

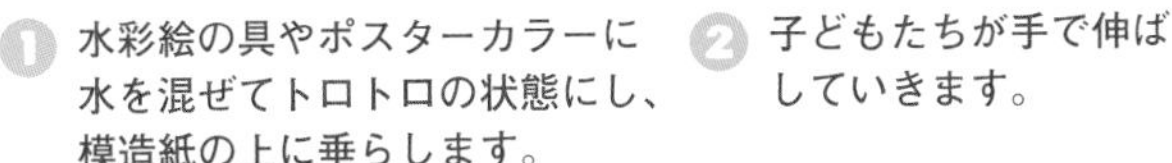

2歳児 Ⅱ期

準備するもの

水彩絵の具またはポスターカラー・模造紙・水・溶き皿・ブルーシート・クレヨン

作り方&遊び方

1. 水彩絵の具やポスターカラーに水を混ぜてトロトロの状態にし、模造紙の上に垂らします。
2. 子どもたちが手で伸ばしていきます。

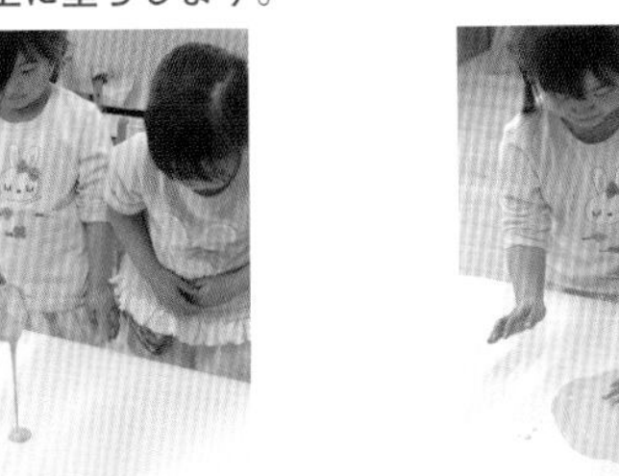

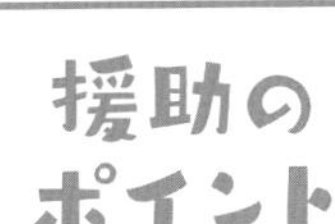

絵の具はトロトロに調整し、１色ずつ加えて、感触のよさと色の変化を楽しめるようにしていきましょう。

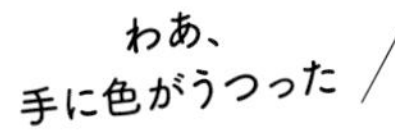

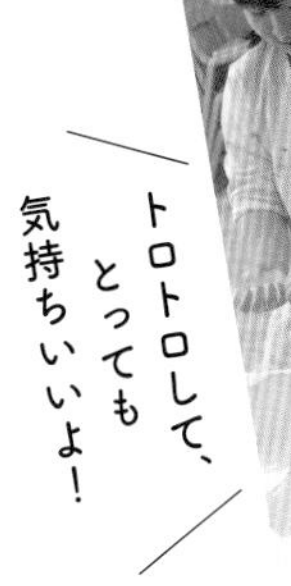

別の色を垂らして、少しずつ色を混ぜ合わせる。

線をかいたり、手形をつけたり、自由に表現しよう。

絵の具が乾いたら、上からクレヨンでかくこともできます。

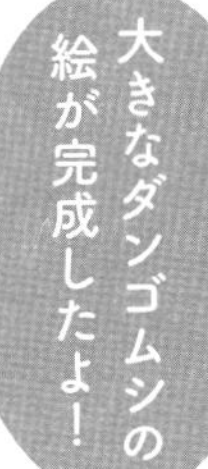

ペイントし終わった絵を見ると、子どもが「ダンゴムシみたい……」と一言。そこで、クレヨンで線を加えてダンゴムシの絵に仕上げました。

小麦粉、米粉を使っても楽しく活動できます

絵の具に小麦粉を混ぜると、さらにトロトロの感触を楽しむことができます（クラスに小麦アレルギーの子どもがいる場合は絶対に使用しないでください）。また、小麦粉の代わりに米粉絵の具にするのもおすすめ。絵の具の中に中性洗剤を少し入れておくと、手を洗ったときに汚れが落ちやすくなります。

発達に応じたスタンピング

スタンピングでかくおもしろさを味わおう！

手足でおこなったり、道具を使ったりして、紙に様々な形を残すスタンピングは、子どもの発達によって方法を変えて楽しんでいきましょう。

保育者の援助で、自分の手を紙に押すことで、手の形が写るおもしろさを知ることができます。

手のひらを続けて3つ押したり、タンポ（P.26）を続けて押したり、形が紙に写ることを楽しみます。

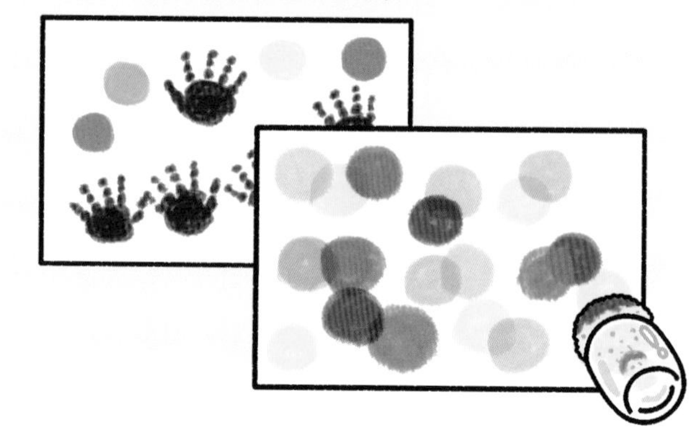

3
歳児

手のひらを花にしたり、ちょうちょの羽にしたり、いろいろな形に見立てましょう。基本の形ができたらパスでかきこみます。

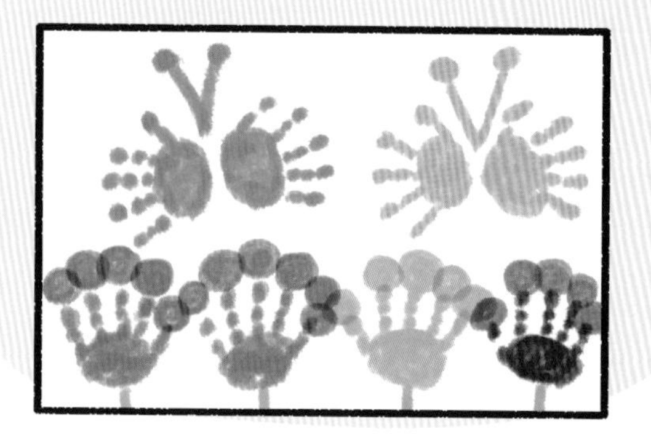

4
歳児

指など、手のいろいろな部位で押し方を工夫します。また、プラスチックの容器なども使います。

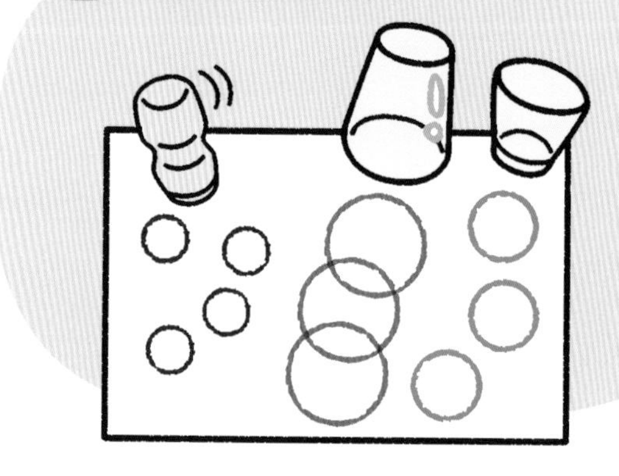

ほかの材料（段ボール・紙コップなど）と組み合わせて、イメージしたものを表現します。

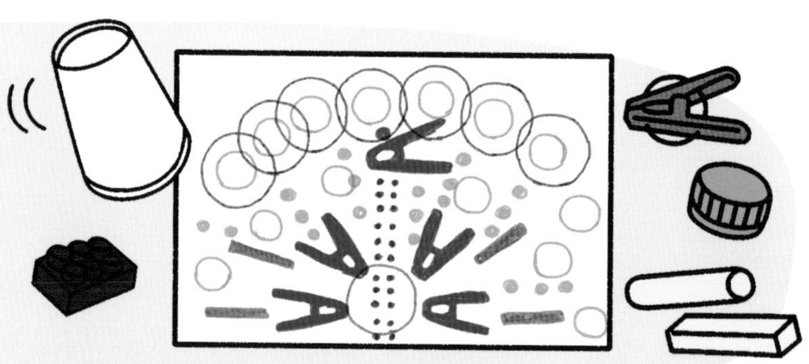

スタンピングおすすめの材料

スタンピングにおすすめの材料を紹介します。ここで取りあげたもの以外にも、いろいろ試してみましょう。タンポについてはP.26で紹介します。

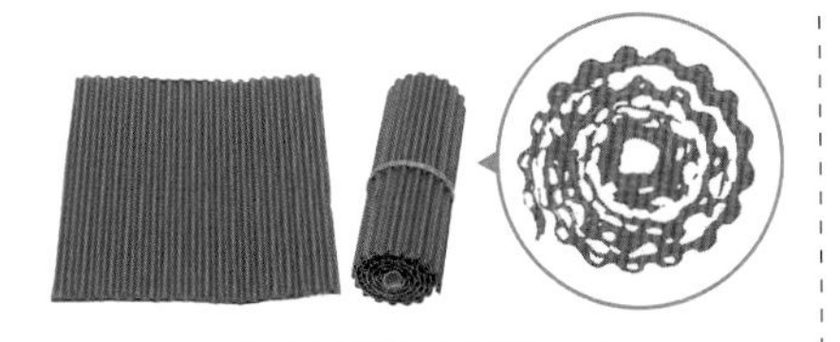

片段ボール

片段ボールを丸めて、輪ゴムでとめます。凸凹した独特の形になります。

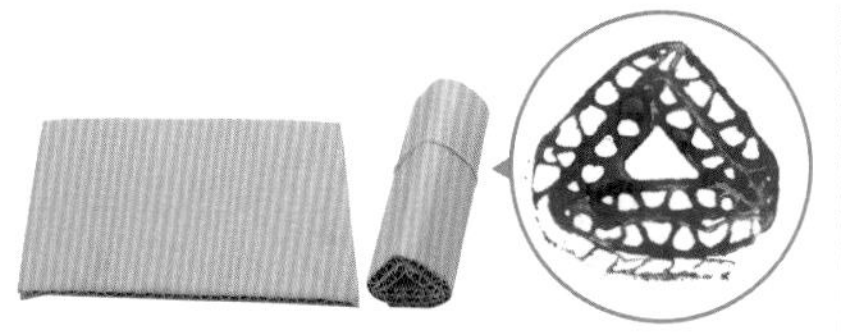

段ボール

段ボールを丸めて、輪ゴムでとめます。側面の穴が特徴です。

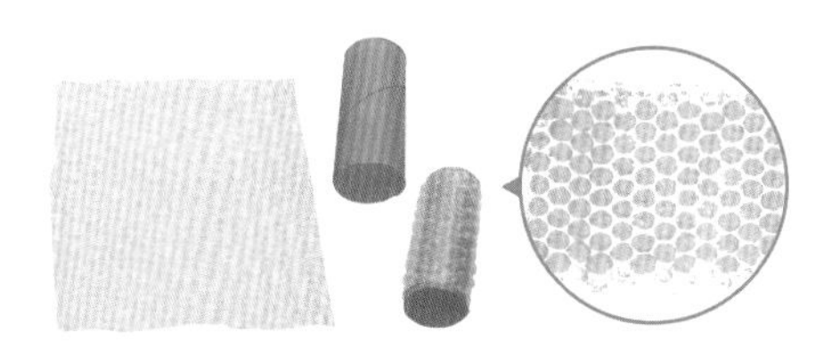

エアパッキン（プチプチ）

トイレットペーパーの芯など、紙筒のまわりにエアパッキンを輪ゴムや両面テープでとめます。

野菜

野菜は料理で使わなかったヘタの部分を使うようにしましょう。それぞれにユニークな形です。

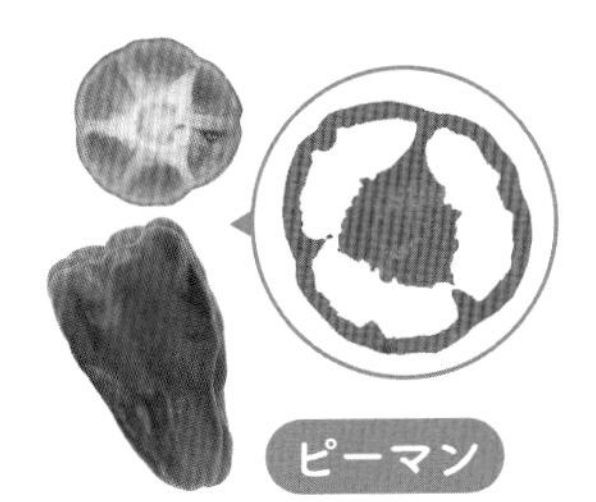

ピーマン

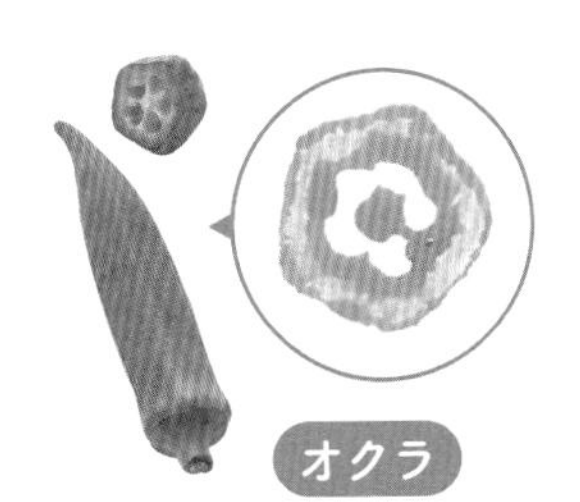

オクラ

レンコン

廃材や使い捨て用品

視点を変えるだけでいろいろなものがスタンプになります。子どもたちと相談してみてもよいでしょう。

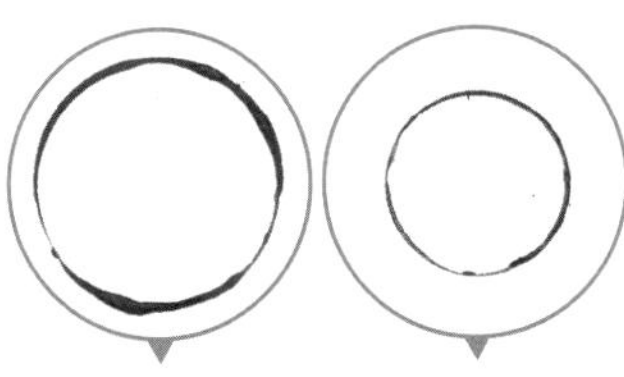

紙コップ

飲み口に防水加工がしてあります。底は水彩絵の具をそのまま使えます。

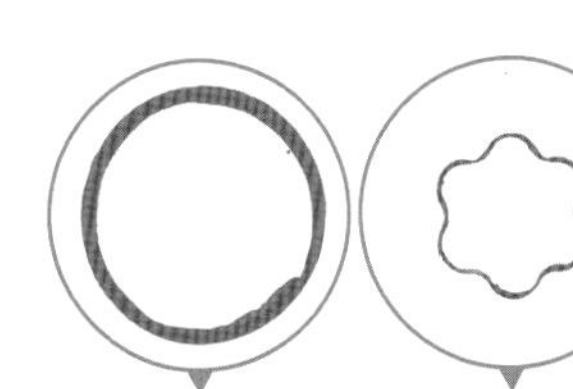

プリンカップ

上は丸型で、底は花のようなもようになります。

テープなどの紙筒もおすすめです。

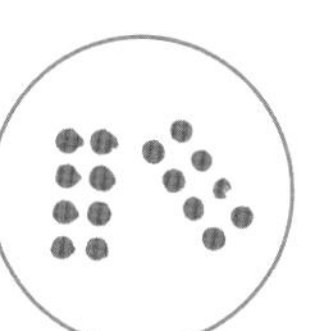

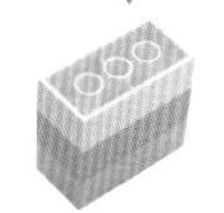

ブロック

ブロックは裏と表で異なる表現ができます。

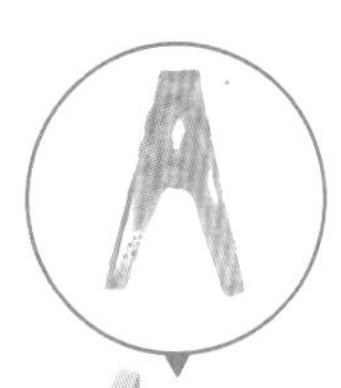

洗濯ばさみ

形のおもしろさを楽しみましょう。

プールスティック（ウレタン棒）

チクワのような構造のウレタン素材の棒で、そのままでも使用できます。はさみで切ることで、好きな形にすることができます。

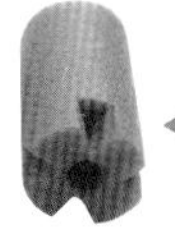

マメちしき

ポリウレタンや防水素材でのスタンピングには中性洗剤を入れよう！

ポリウレタンや防水加工をしてある素材は、水をはじきやすいので水彩絵の具がのりませんが、中性洗剤を混ぜると色のりがとてもよくなります。

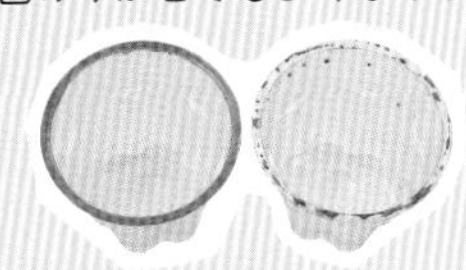

中性洗剤を混ぜたもの　水彩絵の具だけ

タンポで絵をかいてみよう！

タンポでお絵かきが大好きになる！

対象 2 歳児～

スポンジを丸めて「タンポ」を作りましょう。
水や絵の具をタンポに染み込ませて、いろいろな表現に挑戦してみましょう。

スポンジタンポの作り方

スポンジの真ん中をへこませて２つ折りにし、輪ゴムでとめます。乳酸菌飲料などのミニボトルを切ったものにはめたり、ビニールテープでとめるとさらに使いやすくなります。

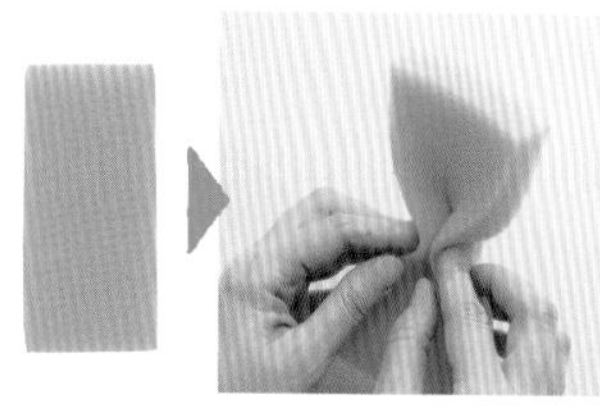
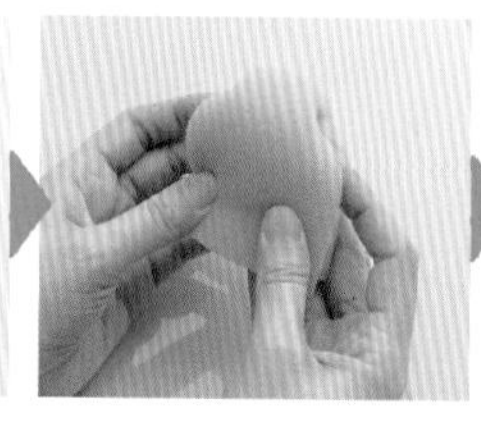
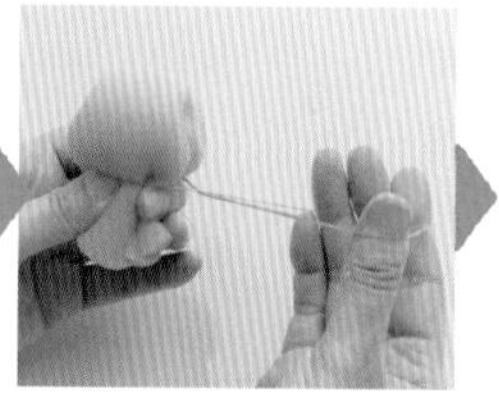
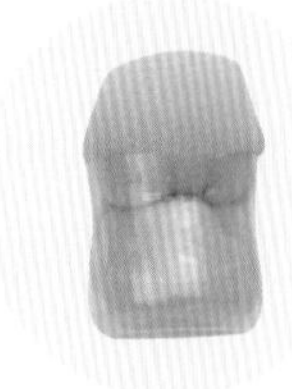

No.16
水スタンプ

2歳児 Ⅰ期

作り方&遊び方 ブルーシートを敷いて、トレーに水を入れます。タンポに水をふくませて、新聞紙に自由に絵を描きましょう。

準備するもの
水・タンポ・トレー・新聞紙・ブルーシート

援助のポイント
大きく広げた新聞紙に勢いよくかく楽しさを味わえるようにしていきましょう。

No.17
3色しんぶんし

2歳児 Ⅰ期

作り方&遊び方 タンポに水彩絵の具をふくませて、色の変化も楽しみながら、絵をかきましょう。

準備するもの
水彩絵の具またはポスターカラー・タンポ・水・トレー・新聞紙・ブルーシート

No.18

スポンジでかく「おおきなおいも」

準備するもの 水彩絵の具またはポスターカラー・スポンジ(大)・水・トレー・ロール紙・ブルーシート・クレヨン・絵本など

1. グループごとに、青・赤・白の絵の具を混ぜて、おいもの色を作ります。

2. スポンジに色をつけて、大きなロール紙に、おいもをかいていきます。

援助のポイント

いも掘りなどの活動の振り返り時におこなうのがおすすめ。また、絵本を読んだあとに、イメージをもったまま活動に入るのも◎。

ぼくたちのグループは、最初に色鉛筆でおいもの輪郭をかいたよ！

私たちは、いきなり絵の具で塗っていくよ！

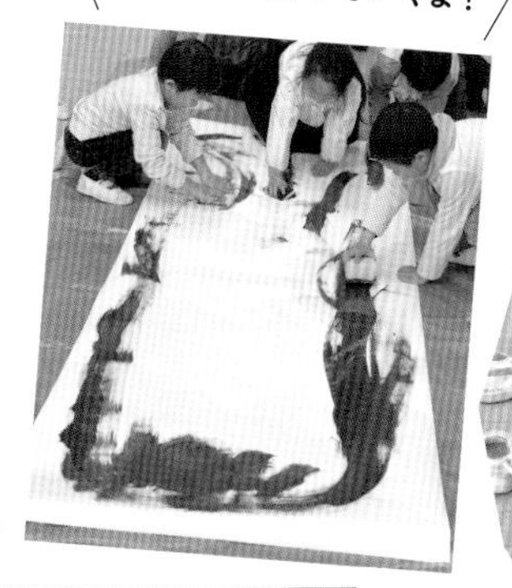

車やお風呂洗い用の大きめのスポンジを使うとかきやすい!!

大きなおいもがかけたら、クレヨンで絵をかこう！

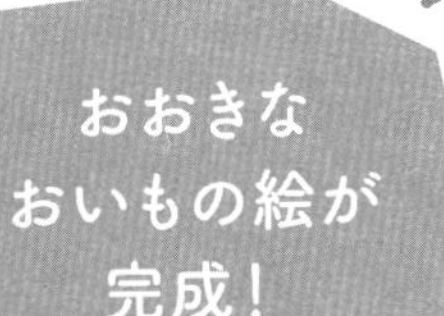

No.19

スタンピングファッションショー

準備するもの

水彩絵の具またはポスターカラー・中性洗剤・水・筆・プールスティックなどのスタンピングの道具・トレー・模造紙（約90㎝×150㎝）・ブルーシート・スズランテープ

作り方＆遊び方

1. 円筒型のウレタン素材（プールスティック）と水彩絵の具を使って、模造紙にいろいろなスタンピングをしていきます。自分の手形を押してもOKです。

2. 模造紙を着て、スズランテープなどで結びます。

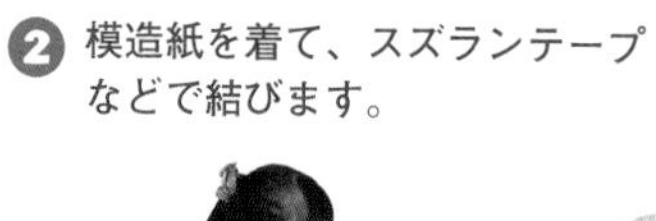

首が通る穴をはさみで切り抜いておく。

後ろはマントのようにたらしても○。

前で結ぶ。

援助のポイント

混色（2色＋白）しながら自分の納得のいく色を作って、スタンピングを楽しめるようにしていきましょう。

ペンで絵やもようをカキカキ！

スタンピングしたあとは、干して乾かそう。

ぼくの作った服、かっこいいでしょ？

走り回ると、マントがヒラヒラ！

キュートなドレスでしょ♥

筆を使ってみよう！

用途に合わせて使い分けよう

筆を使って、線描や面塗りなど、
いろいろな表現にチャレンジしよう。

No.20

ペンキやさんごっこ

2歳児　Ⅱ期

準備するもの

水彩絵の具またはポスターカラー・筆またはハケ・透明コップまたはトレー・画用紙・ブルーシート・油性ペン

作り方＆遊び方

1. 絵の具を透明コップに入れて、薄くシャバシャバに溶きます（画用紙に塗ると、薄く色がわかるくらい）。
2. 薄めた絵の具を筆にたっぷりふくませて、画用紙一面に塗っていきます。
3. 画用紙が乾いたら、オリジナルの色画用紙が完成！　油性ペンなどで絵をかいていきます。

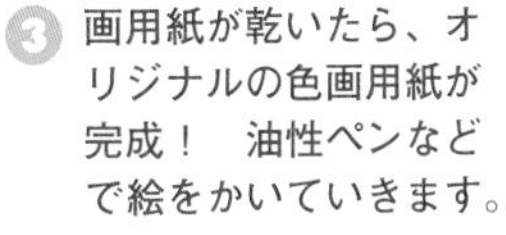

援助のポイント

ペンキやさんごっこをしたあと、オリジナルの色画用紙として保管。別の日に自分の気に入った色画用紙を使って、絵をかくと、2度楽しめます！

薄く塗った絵の具の上から、さらに色を塗っていきます。

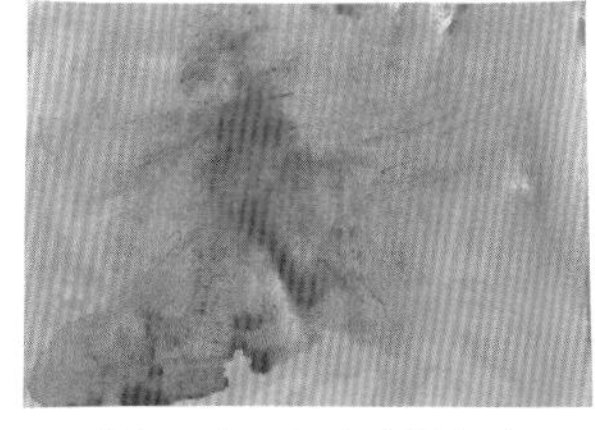

黄色の上から赤を重ねると、きれいなオレンジ色の花畑になった！

赤色と青色を重ねると、夕焼けみたい！

※2歳児が色を塗った上から5歳児が絵をかいた作品です。

混色を楽しもう!

まほうの色作り遊びをしよう!

絵の具の特性の一つが、色を混ぜて別の色を作れる「混色」です。
いろいろな色を組み合わせて、混色に挑戦してみましょう。

混色の基本

1. 緑を作りたいときは、最初に黄色をパレットにのせて、次に青をのせます。絵の具がにごるのを防ぐために、薄い色からとります。

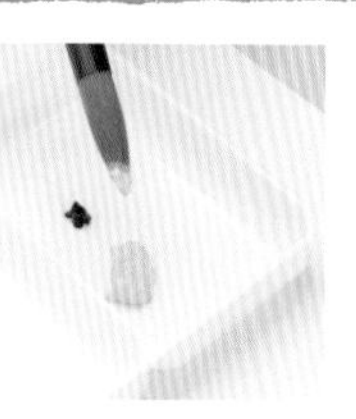

2. 水を混ぜて広げた黄色の上に、青色の絵の具を少しずつ足します。500円玉くらいの大きさに広げ、イメージの色を作ります。

注意しよう!

混ぜる色の数は2色+白までに

混色をすると、色の鮮やかさの度合いである彩度が落ちてしまうため、混ぜる色は2色+白までにしましょう。

No.21

すてきなジャムやさん

準備するもの

水彩絵の具・洗濯のり(PVC表示のあるもの)・パレット・アイスクリームスプーン・あらかじめパンをかいた画用紙

作り方&遊び方

1. 洗濯のりを混ぜた赤・青・黄・白の水彩絵の具をパレットに入れ、アイスクリームスプーンで混色しながらオリジナルジャムを作ります。
2. イメージしたジャムの色ができたら、画用紙にかいてあるパンに、スプーンでジャムのように塗ります。

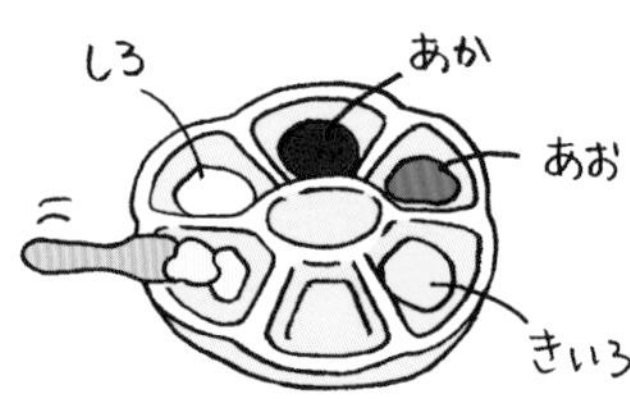

いろいろな味がする
にじ色ジャムだよ!

援助のポイント

洗濯のりを混ぜることで、ジャムのような質感になります。子どもにジャムの名前を聞いたり、ジャムの味について話したり、イメージをふくらませて遊びましょう。

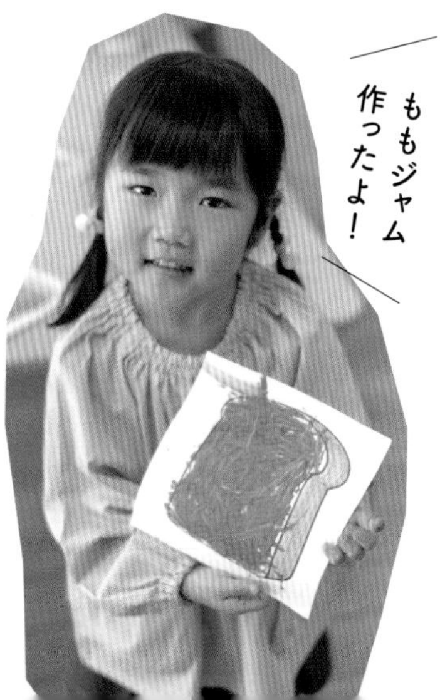

No.22
ひかる絵シアター

準備するもの 水彩絵の具・水・タンポ・黒画用紙・セロハンテープ・段ボール箱・カッター・ブラックライト

1. 好きな色に白を混ぜながら黒画用紙にタンポでかきます。
2. 黒画用紙の三方を折って作ったホルダーに、かいた絵を入れて、本体にセットします。
3. ブラックライトをつけて、穴からのぞくと、絵がひかって見えます。

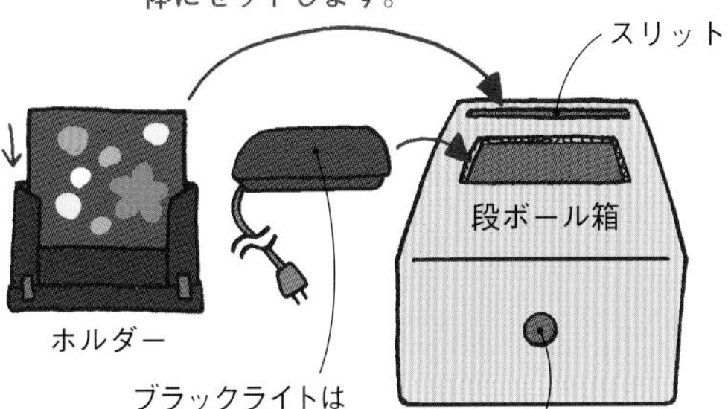

仲よく順番にのぞいていきましょう

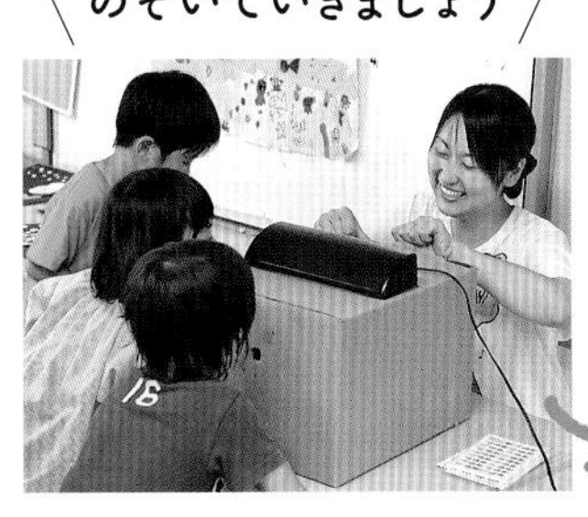

自分がかいた絵がひかるよ！

※ブラックライトや作品を入れるスリットは、外からひかりが入らないように、なるべくすき間を小さくします。内側に黒のフェルトを貼ると、さらにきれいにひかります。

No.23
水玉おしゃれバッグ

準備するもの
水彩絵の具(赤・青・黄・白)・水・綿棒・紙皿(直径20cmくらいの大きなもの1人2枚)・紙バッグ

1. 紙皿の四方に4色の絵の具をのせます。中心では綿棒を使って、2色または2色+白を混ぜて好きな色を作ります。
2. 紙バッグに500円玉くらいの大きさの水玉をかいて、おしゃれバッグの完成です。

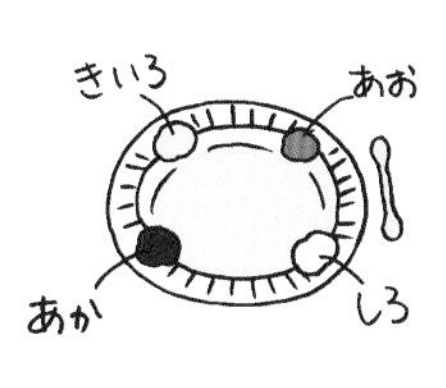

援助のポイント

バッグができたら、バッグに切り込みを入れて形を変えたり、色紙(折ったり、切ったりしたもの)をもようとして貼りつけてもかわいらしくなります。

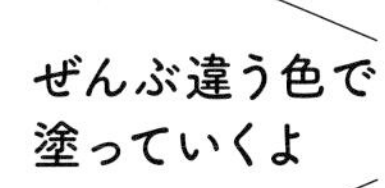

ぜんぶ違う色で塗っていくよ

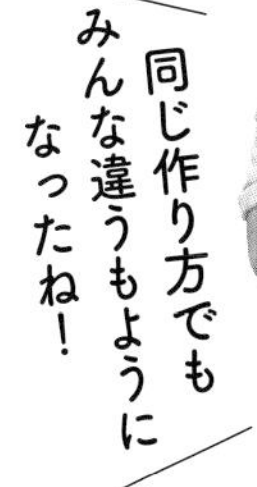

同じ作り方でもみんな違うもようになったね！

ローラーでかこう！

広い面を塗る体験をしよう！

ローラーを使って大きな紙に、ダイナミックに塗っていきます。
乾いてから重ね塗りしていくと、さらに楽しいです！

No.24

ローラーこいのぼり 5歳児 Ⅰ期

準備するもの

ポスターカラー・中性洗剤・水(少し)・ローラー・トレー・不織布・はさみ・段ボール・木工用接着剤・ブルーシート

作り方＆遊び方

1. 3種類のこいのぼり用に、不織布を下記のサイズで用意します。尾は最後に切るので残しておきます。
2. トレーに、ポスターカラー・中性洗剤・水(少し)を混ぜておきます。トレーの中には不織布を敷いておくと、すべりにくくなります。
3. ブルーシートの上に不織布を置いて、ローラーでゆっくり塗っていきます。

援助のポイント

ローラーで色をつけるときは、ローラーにたっぷり絵の具をつけて、何回も上から色を重ねるように伝えましょう。

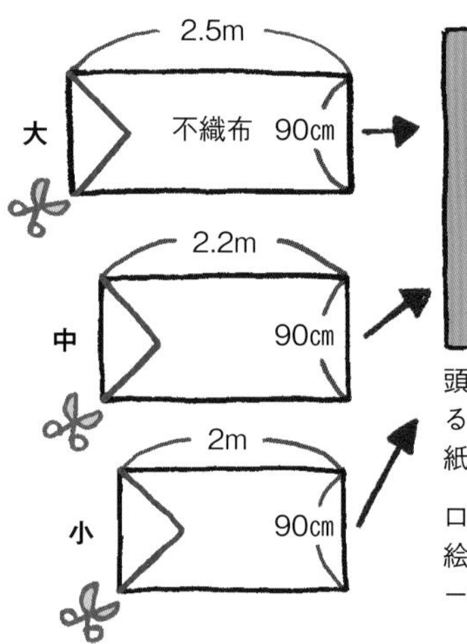

ブルーシート
不織布
50㎝
ローラーと絵の具

頭の部分は汚れを防止するため、段ボールや新聞紙を敷いて隠しておく。

ローラーにまんべんなく絵の具がつくように、ローラーを転がす。

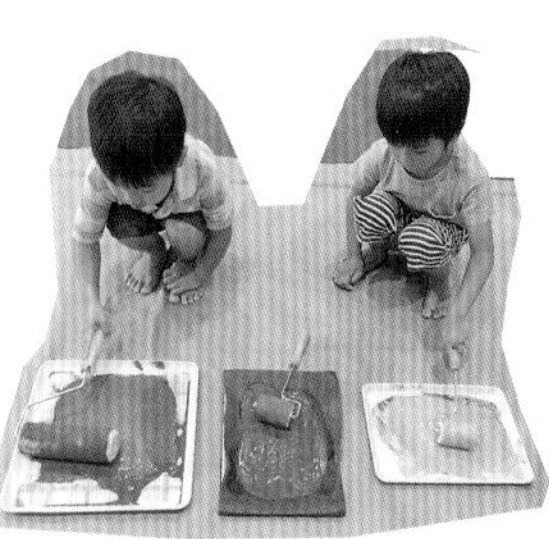

スポンジローラーに絵の具をたっぷりつけます。

ローラーをゆっくり転がして、模様を描いていきます。

塗った色の上から別の色を重ねていくと、色に深みが出てきます。

仕上げは、保育者が尾をカット。丸く切った不織布(大小4枚)を重ねて目を作り、木工用接着剤で貼ります。

TOOL 04

はさみ

チョキチョキ
楽しもうね

はさみは造形表現の幅をグンと広げる用具のひとつです。
安全面の配慮を充分にしながら、子どもたちが扱えるようにしましょう。

はさみを知ろう!

刃先
刃先は、先端がとがっていない丸いものを使用しましょう。

刀身
のりがつきにくいように刃の形状を工夫したものや、表面加工をしたもの、切れ味をよくするために刃の形状に丸みをもたせたものなどがあります。

柄
穴の大きさが指の大きさに合ったものを選びます。材質・形状によっても握りごこちが変わります。柄の穴の大きさが異なるはさみも使いやすくて○。

【持ち方】
上側に親指、下側に人指し指と中指、または薬指も入れるのが安全な基本の持ち方です。

【切り方】

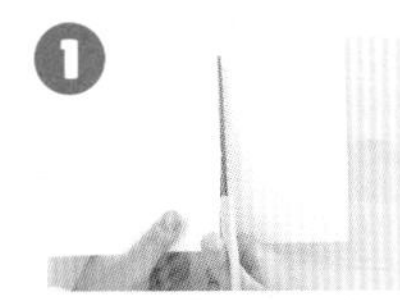
❶ 通常は刃の真ん中で切ります。

❷ 厚いものや硬いものは、刃の奥で切ります。

❸ 一部分のみを切るときは、刃先を使います。

【持つ角度】
はさみを横に寝かせる(斜めにする)と、うまく切れません。
切るものに対して垂直に刃が当たるのが理想的。

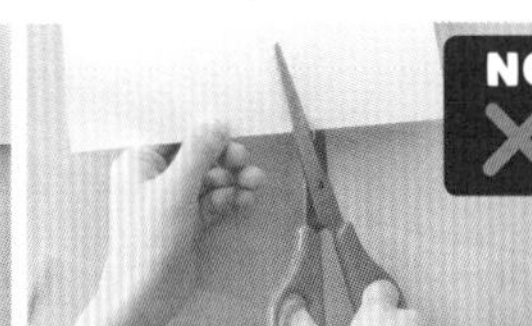

マメちしき

いろいろなはさみ
保育者が持っていると便利なはさみです。

ピンキングはさみ
紙や布をギザギザにカットすることができます。保育者の援助があれば、子どもが使っても○。

リサイクルはさみ
缶に穴をあけたり、ペットボトルリングを切ったり、様々な加工ができます。

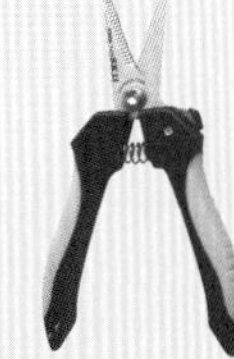
万能はさみ
刃が硬くアルミ線なども簡単に切れる便利なはさみです。

STEP 1 練習しよう

はさみの使い方

刃物のはさみは、使い方によっては危険も伴う用具です。扱い方を知ったうえで、安全に配慮して活動することが大切です。はじめてのはさみのときには、次のような流れで安全な使い方を身につけられるように援助しましょう。

1 ウォーミングアップしよう！

基本的なはさみの使い方を伝えていきます。同時に、パー・グー・パー・グーのくり返し遊びをして、手を動きやすくしておきましょう。

2 姿勢よく座ろう！

イスに深く腰かけて、背筋を伸ばします。はさみを置くときは、正面が常に見える位置に置きます。

3 正しく持とう！

柄の形によっても変わりますが、基本は上の穴に親指を、下の穴に人差し指と中指を入れます。

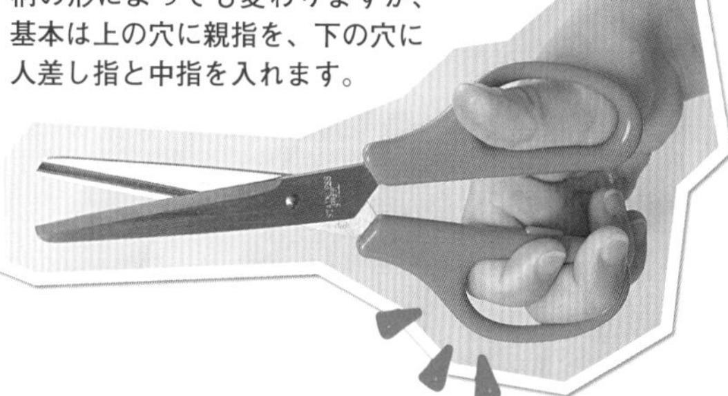

4 動かしてみよう！

「パー・グー・パー・グー」と言いながら、はさみを動かしてみましょう。むずかしければ保育者が援助しましょう。

5 ゆっくり、ゆっくり紙を切ってみよう！

「パー」で広げたはさみの真ん中に、色紙（2～3㎝くらいの紙帯）を置き、「グー」ではさみを閉じましょう。

注意しよう！

はさみの刃先に絶対に手を置かないようにする。保育者が援助する際も気をつけましょう！

これも大切！

渡し方

閉じたはさみの刃の部分を持ち、柄のほうから渡します。刃を閉じたはさみを机の上に置いて手をはなしてから、相手に取ってもらう渡し方もあります。

しまい方

紙パックなどに穴をあけて、刃先を下に立てると、安全で取り出しやすいはさみ入れになります。

STEP2 やってみよう！

手でさく・ちぎる

対象 2歳児～

まずは手でさくことをおぼえよう！

手で新聞紙をさいたり、ちぎったりして、
「ものが切れる」ということを楽しみながら経験しましょう。

さく

No.25

ポンポンしんぶんし

2歳児 I期

準備するもの
新聞紙・輪ゴム

作り方＆遊び方

1. 新聞紙を持って、両手でさきます。
2. さいた新聞紙は、さいた手で持ち、次々とさいていきます。
3. さいた新聞紙を、輪ゴムでとめればポンポンが完成。気分はチアガール！

ちぎる

No.26

ヒラヒラ紙吹雪

2歳児 I期

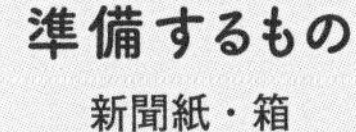

準備するもの
新聞紙・箱

作り方＆遊び方

1. さいた新聞紙をちぎって箱に集めます。
2. うまくちぎれないときは、保育者がちぎり方を教えましょう。
3. ちぎった新聞紙を、思いっきり宙にまいて遊びましょう。

援助のポイント
さいたり、ちぎったりすることが遊びにつながることを喜び合いましょう。

切り方

1回切り

対象 2歳児～

まずは短い紙帯をチョッキン！

2cmほどの帯状にカットした色紙を用意し、「パー・グー」の要領で、1回切りでカットしましょう。

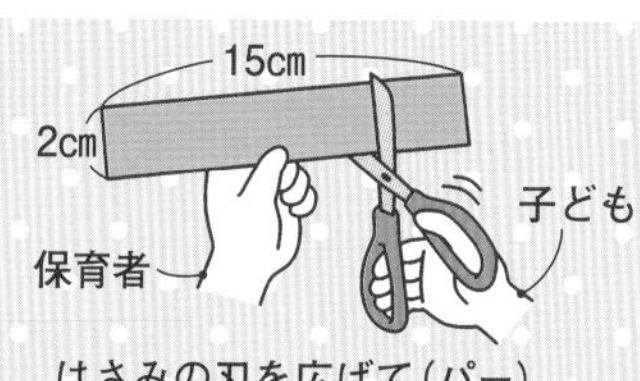

はさみの刃を広げて(パー)、はさみを閉じて(グー)をくり返して切ります。

慣れてきたら自分で紙を持ってはさみで切り、色紙で遊びましょう。いろいろな色を用意しましょう。

No.27 ジュースやさん

2歳児 Ⅰ期

作り方＆遊び方

準備するもの はさみ・色紙・透明コップ

透明コップに、1回切りした切れ端を入れればジュースの完成！

色とりどりのジュースを作ってみましょう。

No.28 くるくるちゃん

2歳児 Ⅱ期

作り方＆遊び方

準備するもの はさみ・ビニール袋・ストロー・色紙・セロハンテープ

1回切りした紙片を袋に入れてから、空気がまわるように袋の上の角を少しカット。

援助のポイント

子どもの吹いた息が紙片にあたるようにストローの向きを整えます。

すき間ができないように口を閉じる。ストローを吹くと、切った紙片がくるくる回転します。

切り方

2回切り

対象 3歳児～

チョッキン、チョッキン、とゆっくり2回くり返そう！

半分にした色紙で2回切りをしてみましょう。「パー・グー・パー・グー」とくり返し切るのが2回切りです。

半分にした色紙

色紙の1/2

半分にした色紙を、切るほうの反対の手で横向きに持ちます。それを2回切り(パー・グー・パー・グー)で切り落とします。

No.29 カラフルコップ

3歳児 Ⅱ期

作り方＆遊び方

準備するもの はさみ・色紙・透明コップ×2・両面テープ

透明コップに切った色紙の紙片を入れ、その上からもう一つの透明コップを入れて完成。両面テープを側面に貼ってもよいでしょう。

カラフルな模様のコップが完成！

No.30 つるす飾り

3歳児 Ⅱ期

作り方＆遊び方

準備するもの はさみ・色紙・でんぷんのり・紙テープ・セロハンテープ

紙テープ(約50cm)に、2回切りで切った色紙の紙片をでんぷんのりで貼っていきます。色の順番を変えるなど、いろいろなルールを決めて作りましょう。

たくさん並べてのれんにしよう。

切り方

連続切り

対象 3歳児〜

長い紙の端から端までを連続してカット!

色紙を、連続切りで切っていきましょう。連続切りは「パー・グー」をくり返していく切り方です。

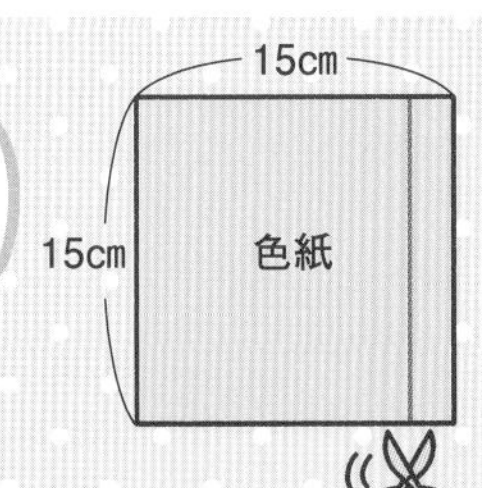

はさみを開いて(パー)、反対の手で持った色紙を刃の間に置いて切っていきます(グー)。

はさみを連続でぐんぐん切っていき(パー・グー……)、長細く切り落とします。

援助のポイント

まっすぐ切ることにはこだわらず、連続的に切れるよう援助します。最初は保育者が紙を動かし、次は子どもがはさみを動かしながら切るようにします。

No.31

いろいろな形の飾り

準備するもの　はさみ・色紙・のり

輪の形→輪つなぎ

作り方&遊び方

1. 長細い1枚の色紙の端と端をのりでとめて輪っかを作ります。

発展

2. そこに色紙を通してとめ、どんどん輪をつないでいきましょう。

ハートの形→4つ葉のクローバー

作り方&遊び方

1. 長細い2枚の色紙の端をのりで貼って、大きな輪を作ります。つなぎめの反対側を山折りにすればハートになります。

2. ハートを4つ作って、のりで合体させると4つ葉のクローバーに。

のりでとめる。

POINT

紙の目

色紙の帯は形が維持できるように紙の目に沿って切るようにしましょう。

※紙の目についてはP.78を参照。

No.32

紙つなぎゲーム

準備するもの　はさみ・色紙・のり

カラフルしっぽとりゲーム

作り方&遊び方

1. 細長く切った色紙を、のりでつなげてしっぽを作ります。

2. それをズボンの後ろにはさんで、チームに分かれてとりっこをして楽しみます。

どんな色の順番でつなごうかな

つないでみよう!

作り方&遊び方

細長く切った色紙をどんどんつなげたり、分岐させたりして、長い線路を作りましょう。あみの目にしてもおもしろい!

切り方

まっすぐ連続切り

対象 4歳児～

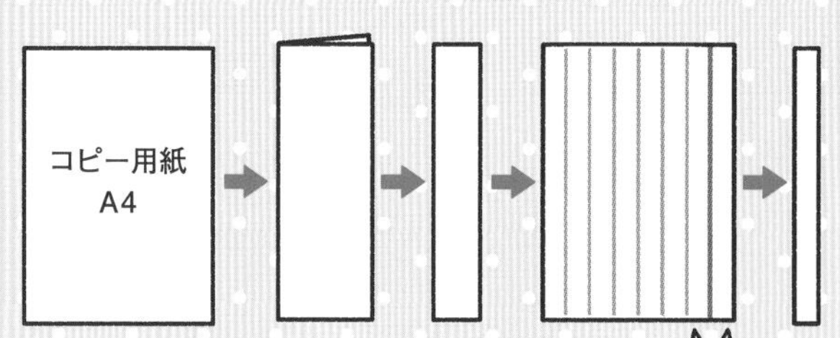

線に沿ってまっすぐ切ろう！

練習ではコピー用紙の折り線に沿って、連続切りで切っていきましょう。

コピー用紙（A4）を縦に３回折って（8等分）、広げます。線に沿ってまっすぐ連続切りをし、紙帯を作ります。

援助のポイント

折り線に沿って切るときは、切っている位置よりも少し先を見て切るとうまく切れます。

No.33

新ヘコヘコくん

4歳児 Ⅰ期

準備するもの
はさみ・色紙・カラーペン

作り方＆遊び方

1. 色紙を紙の目に沿って３回軽く折り、広げ、はさみで切ります。
2. カラーペンで顔やもようをかき、写真のような形になるように折り曲げます。

おしりのほうから息を"フッフッ"と吹きかけると、体を上下に動かしながら前進します。

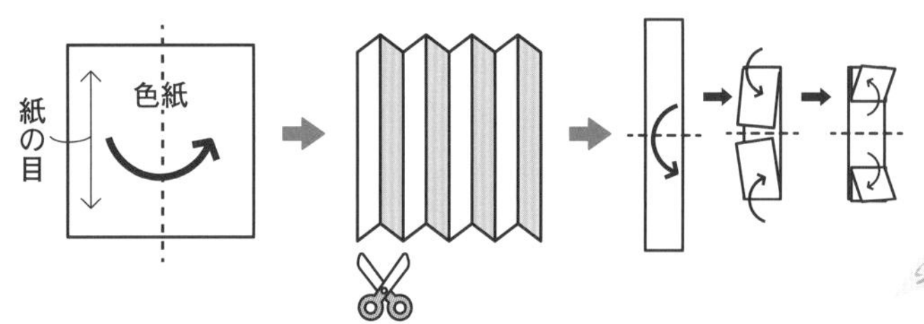

息を吹きかける。

※横から見たところ。

※紙の目についてはP.78を参照。

切り方

ぐにゃぐにゃ切り（曲線切り）

対象 4歳児～

はさみで紙の上をドライブ！

ぐにゃぐにゃ切りは、はさみを切りたい方向に向けながら自由に切る方法です。

コピー用紙（A4）を端から端まで、方向を変えながら４本・５本と切っていくと、ぐにゃぐにゃパズルになります。

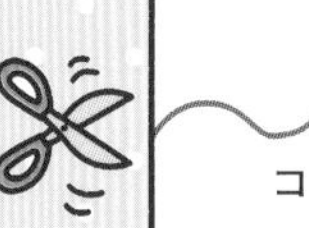

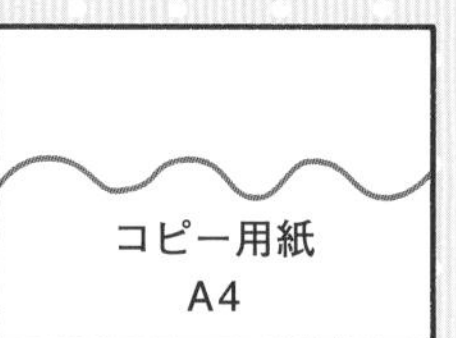

No.34

ぐにゃぐにゃ色紙

4歳児 Ⅱ期

準備するもの はさみ・色紙・でんぷんのり

作り方＆遊び方

色紙をぐにゃぐにゃ切りでカットします。それを、別の色紙にでんぷんのりで貼っていきましょう。

余分な端をカットするとぐにゃぐにゃ色紙に変身！

オリジナルの色紙を何に使おうか考えよう！

切り方

とめ切り

対象 4歳児～

はさみの先で、切りたい長さでチョッキン

とめ切りは、切りたい長さで切るときの切り方。はさみの先を使って、長さを調節しながら切ります。慣れたら、切りたい長さで刃をとめて切ってみましょう。

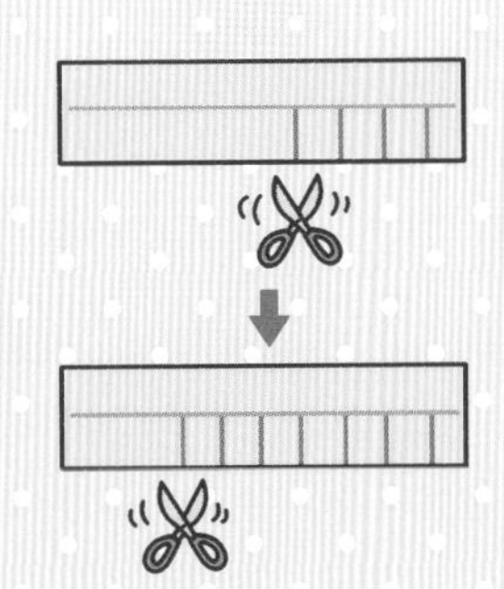

援助のポイント

とめ切りは、切りたい長さと同じ長さに刃を開くのがコツです。

色紙を1/4に切った紙帯に、2㎝ほどの位置に折り線をつけ、刃先を使ってカットします。

No.35

クルクルプロペラ

4歳児 Ⅱ期

準備するもの はさみ・色紙・カラーペン

作り方&遊び方

1. 右図のように色紙を1/4に切った紙帯を折ります。
2. 最後にとめ切りをして、プロペラを開いて完成。カラーペンで好きなもようもかこう。

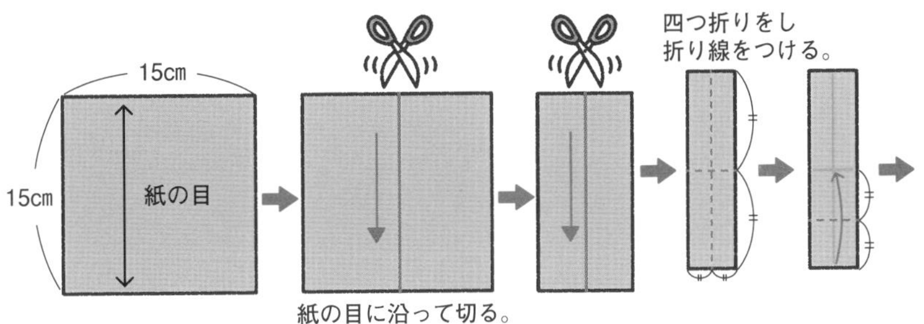

どんな遊びをしようか？

三角の部分を指でつまんで、パッとはなすと、プロペラが回りながら落ちます。

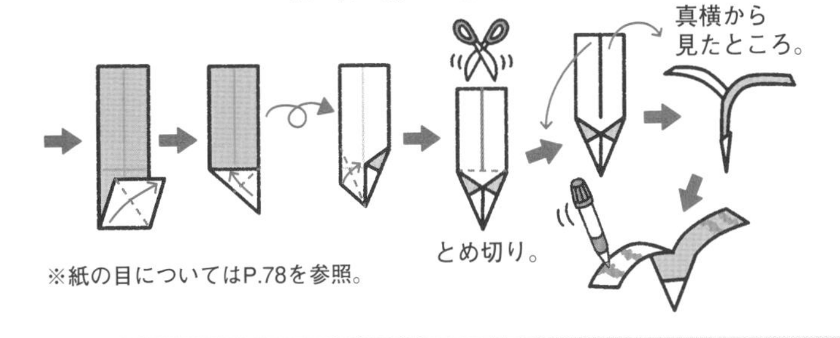

※紙の目についてはP.78を参照。

No.36

キンペラ&キャンペラ

4歳児 Ⅱ期

準備するもの はさみ・色紙

キンペラ

作り方&遊び方

1. 色紙を紙の目の方向に1/8に切った紙帯を使います。左右2㎝の位置にとめ切りをします。
2. 切り込みを重ねて金魚の形にします。先には少し折り目をつけます。

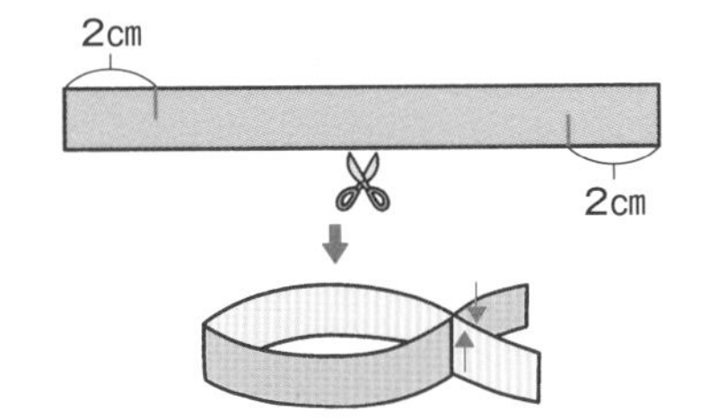

キャンペラ

1. 色紙を紙の目の方向に1/8に切った紙帯を半分に切ります。
2. 左右1㎝の位置で、半分までとめ切りで切り込みをいれ、組み合わせます。

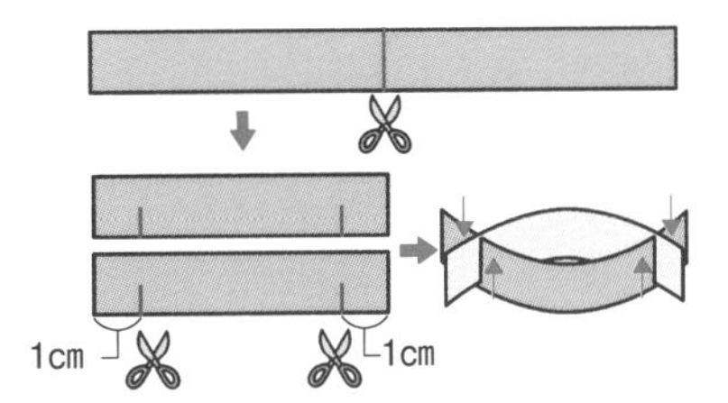

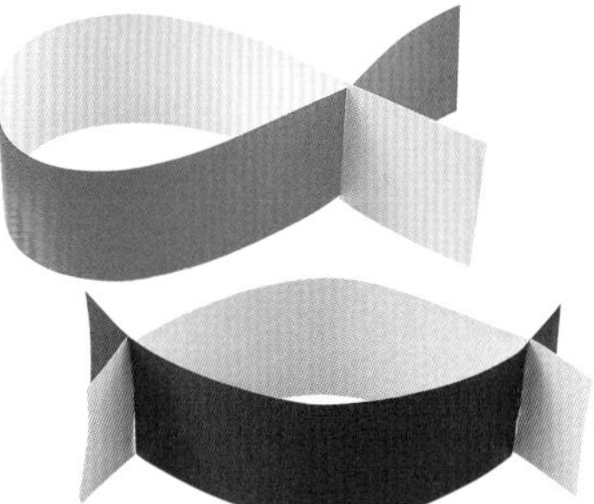

真ん中をつまんで、横にしてはなすと、くるくる回転しながら落ちます。

※紙の目についてはP.78を参照。

切り方

三角切り

対象 4歳児〜

ななめにはさみを入れ、三角形に切り取る！

三角形に線を引いて、その線に沿って、はさみで切ります。

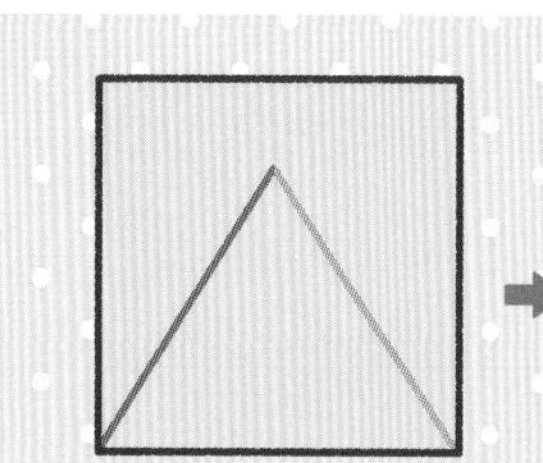

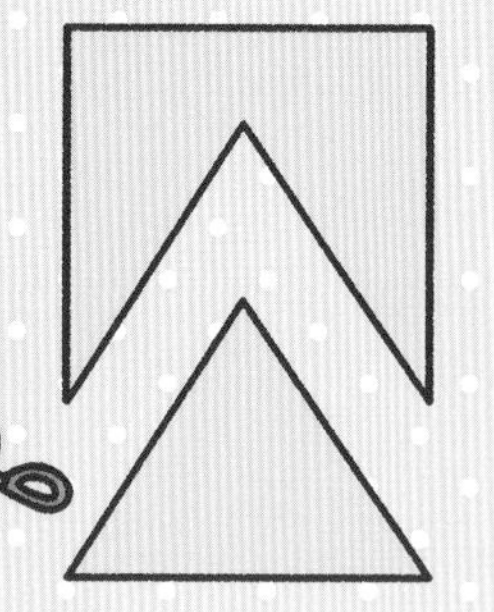

慣れてきたら、四角形などの図形の角からはさみを入れて三角形に切ります。

No.37

クネクネちゃん

4歳児 Ⅳ期

準備するもの はさみ・色紙・カラーペン

作り方&遊び方

❶ コピー用紙を２回折ってから1/4を切り取ります。

❷ 図のように斜線部分を切り落とします。三角切りをし、足と体に切り込みを入れます。

❸ ４か所をじゃばらに折って、足を左右に曲げて、完成。胴体をジグザグに折って遊びます。

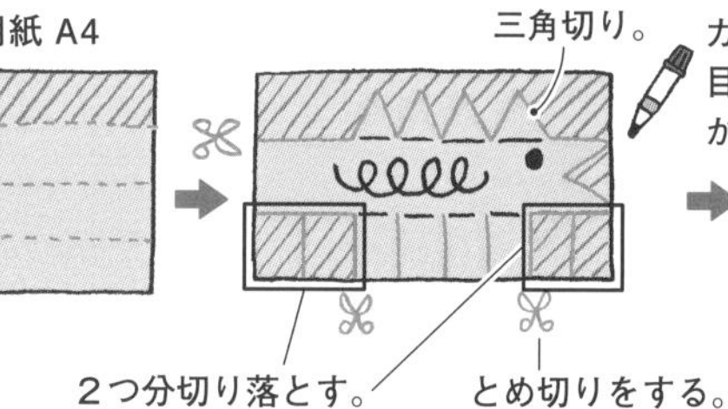

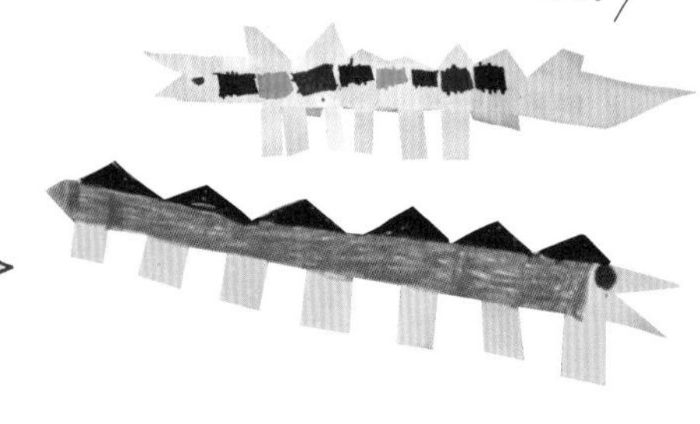

とめ切りと三角切りを使ってクネクネちゃんが完成

切り方

ジグザグ切り

対象 4歳児〜

1回ずつ紙の方向を変え、ジグザグに切り進める！

コピー用紙の端から、はさみで斜めにカットしたら、紙の角度を変えて逆斜めにカット、これをくり返します。

慣れてきたら、紙の方向だけでなく、はさみの方向も変えながらジグザグに切っていきましょう。

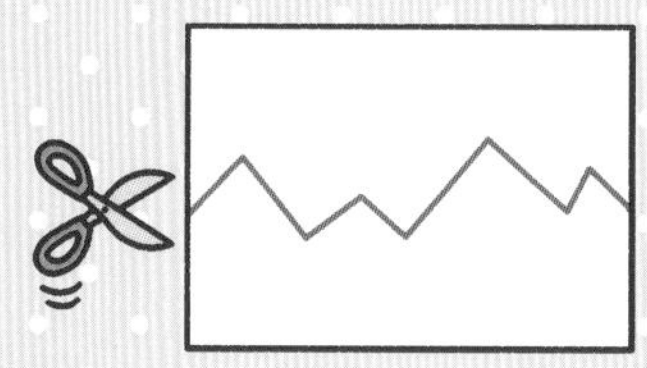

No.38

王冠&ティアラ

4歳児 Ⅳ期

準備するもの はさみ・画用紙(四ツ切り)・カラーペンまたは絵の具・色紙など

作り方&遊び方

❶ 画用紙(四ツ切り)を図のように、ジグザグ切りでカットします。

❷ 子どもの頭のサイズに合わせて後ろでとめます。

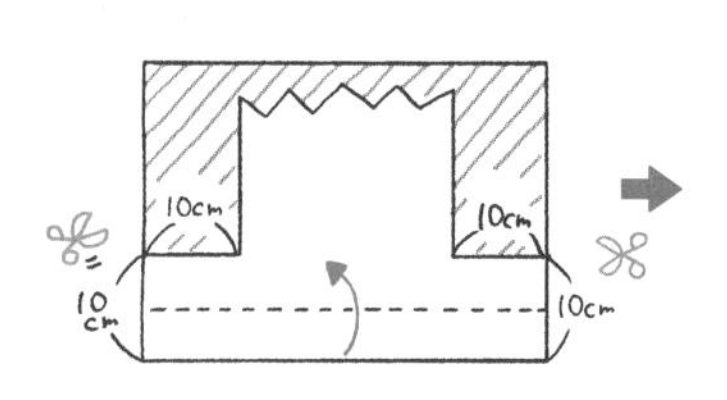

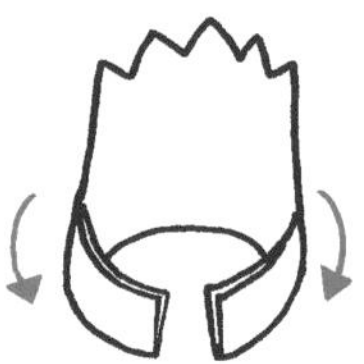

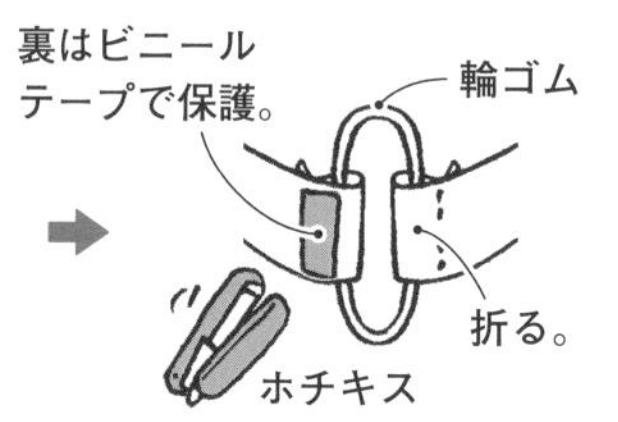

いろいろな模様を油性ペンで描いたり、色紙を貼ったりしてもＯＫ

切り方

重ね切り

対象 5歳児～

紙を折り重ねて切って、いろいろな形を作ろう！

色紙を半分に折って重ね、半円に切ると、円の形ができます。

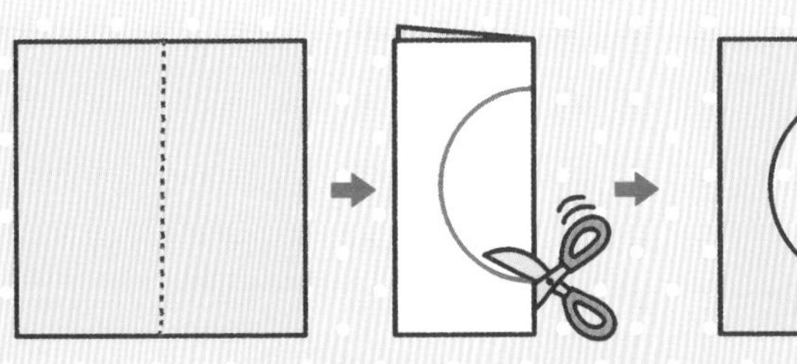

色紙を半分に折って重ね、半円の形にカットすると、くり抜いた円の形が完成します。

No.39

雪のもよう

5歳児 Ⅰ期

準備するもの　はさみ・色紙

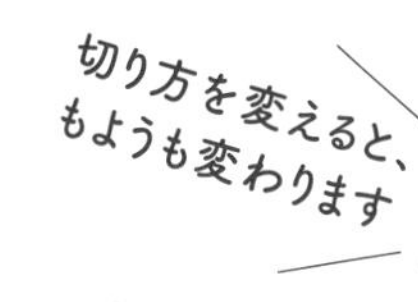

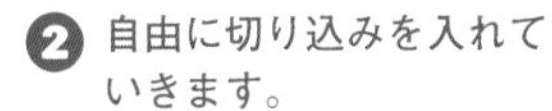

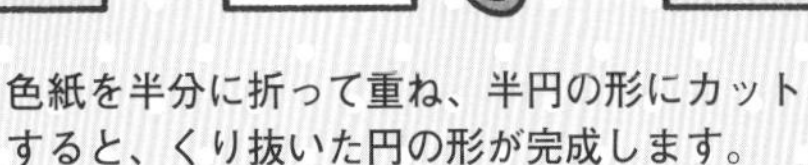

❶ 色紙を半分に折って、さらに半分に折ります。

❷ 自由に切り込みを入れていきます。

❸ 開くと雪のもようのできあがり。

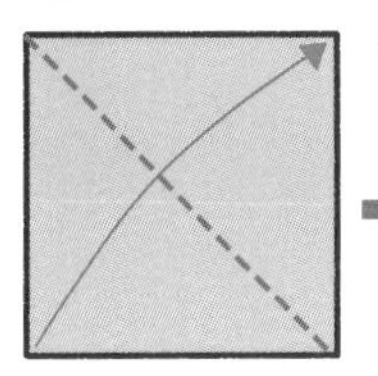
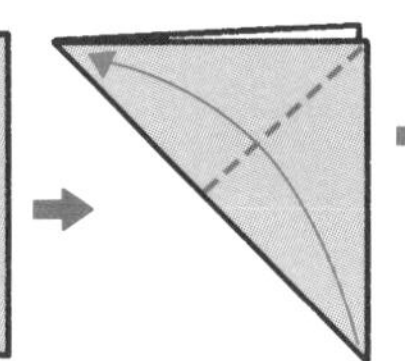
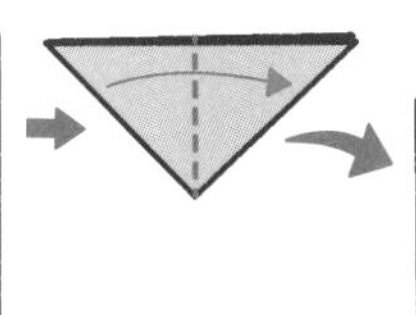
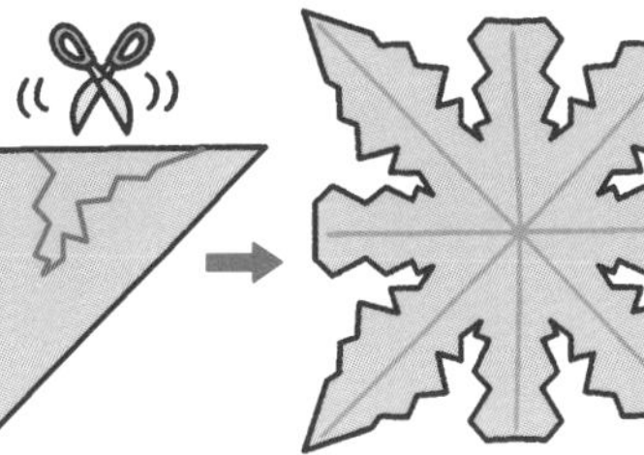

切り方

円切り

対象 5歳児～

紙とはさみを両方動かしながら切る！

色紙に円をかいてはさみでカットします。少し先を見て切るのがコツです。

慣れてきたら、きれいな円にこだわらず、線をかかずに円形に切ってみましょう。

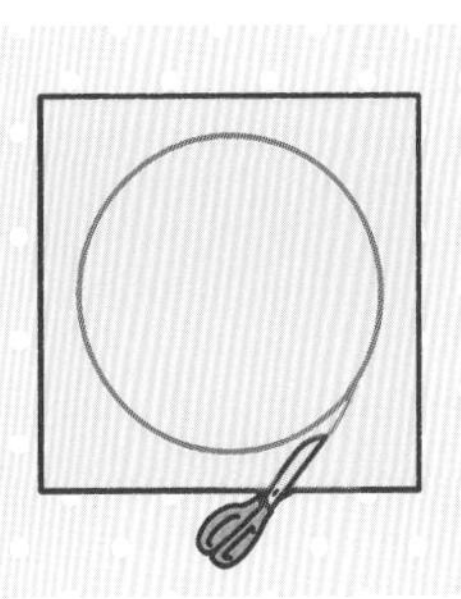

No.40

クルクル車

5歳児 Ⅱ期

準備するもの　はさみ・工作用紙・鉛筆・カラーペン・紙コップ・ペットボトルキャップ×2・布ガムテープ・両面テープ

作り方&遊び方

❶ 工作用紙に紙コップをあてて、鉛筆で円をかきます。はさみで2つ切り取り、カラーペンでもようをかきます。

❷ ペットボトルキャップ2つを布ガムテープでとめます。切った円を両面テープで貼ります。

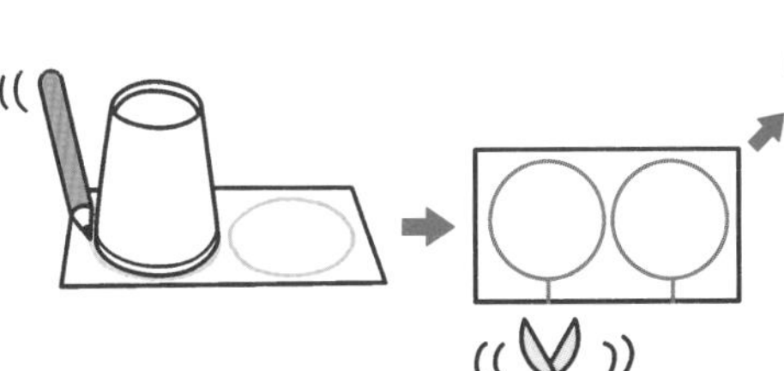

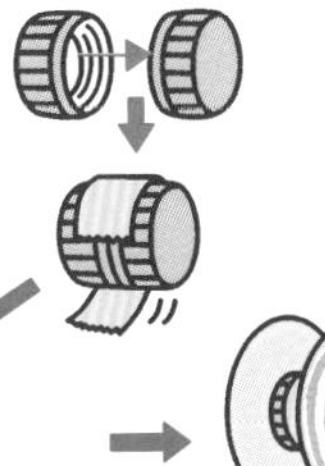

切り方

ぐるぐる切り（らせん切り）

対象 5歳児～

ぐるぐると、はさみでらせんに切る！

円切りの応用です。紙を持つ手の方向を変えながら、はさみを少しずつ内側にずらし、らせん状に切ります。

最初は線を引いて、線に沿って切ります。慣れてきたら、フリーハンドで右まわり、左まわりにチャレンジしてみましょう。

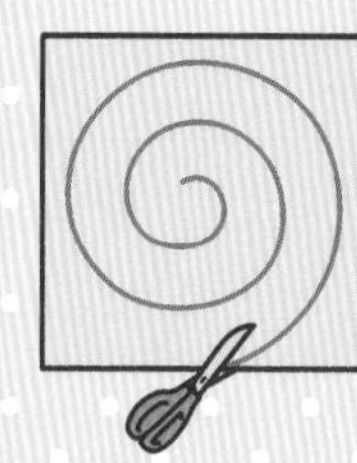

No.41

らせんモビール

5歳児 Ⅱ期

準備するもの

はさみ・色紙・糸・セロハンテープ

❶ 色紙を、ぐるぐる切りで、らせんに切ります。

❷ 切った色紙の中心に糸をセロハンテープで貼ってつるします。

丸・三角・四角などに切った色紙をぐるぐる切りにしても楽しめます。

切り方

くりぬき&穴あけ

対象 5歳児～

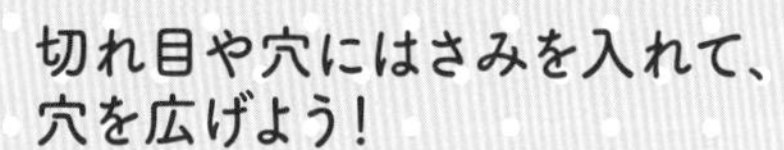

切れ目や穴にはさみを入れて、穴を広げよう！

紙の真ん中に切れ目を入れたり、穴を開けたりして、広げるように切ります。

この切り方は、フチを切らずに好きな形の穴をあけることができます。

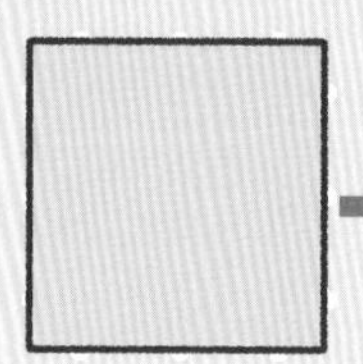

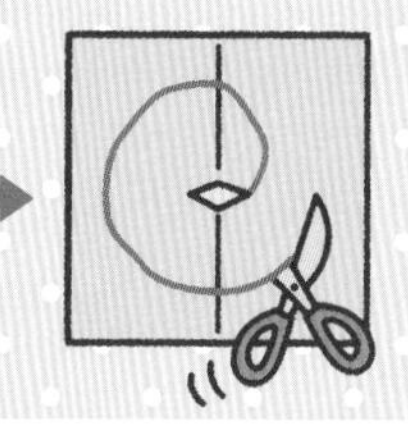

No.42

紙コップパペット1号

5歳児 Ⅲ期

準備するもの

はさみ・紙コップ・カルコ（またはキリ）・鉛筆・油性ペン

❶ 保育者が紙コップにカルコ（またはキリ）で穴をあけ、さらに、鉛筆を差し込んで穴を大きくします。

❷ 穴にはさみで切り込みを4つ、または8つ入れて、さらに大きくし指が通るようにします。

コップのフチにとめ切りで切り込みを入れ、広げる。

油性ペンで顔や模様をかく。

パペット同士でおしゃべりしたり、ダンスをしたりして楽しみましょう

切り方

厚物を切る

対象 5歳児〜

はさみの奥を使って、力強く握って切る！

はさみの奥を使って、はさみを持つ指（親指・人差し指・中指など）に力を入れて切ります。

はさみの刃と刃の交差部分をタイトにするため、親指は左方向に押しぎみに、人差し指・中指などは右方向に引きぎみにしながら切るとうまく切れます。

No.43

紙皿太陽

5歳児 Ⅲ期

準備するもの はさみ・紙皿・油性ペン・ひも・布ガムテープ

作り方&遊び方

紙皿の端にはさみで切り込みを入れて折り曲げます。中心に顔やもようをかきます。

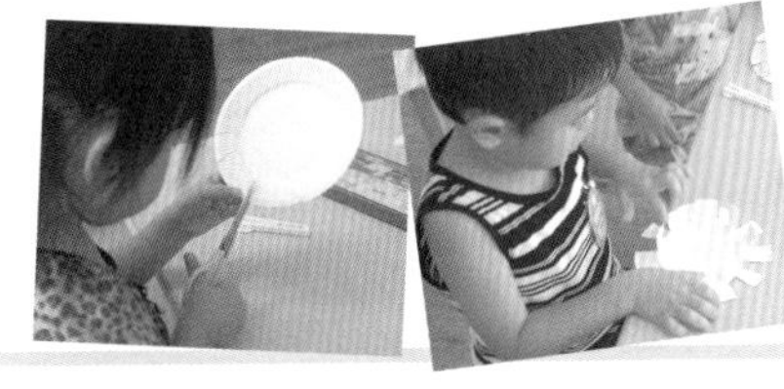

いろいろな表情の太陽を飾りましょう

No.44

ブンブンごま

5歳児 Ⅲ期

準備するもの

はさみ・工作用紙・ひも（1.2m）・のり・じょうぎ・鉛筆・カルコ（またはキリ）・油性ペン

作り方&遊び方

1. 工作用紙を正方形（6×6cm）にはさみで3枚を切って、のりで貼り合わせます。
2. 対角線の交点から5mmのところに穴を2つあけ、1.2mのひもを通します。

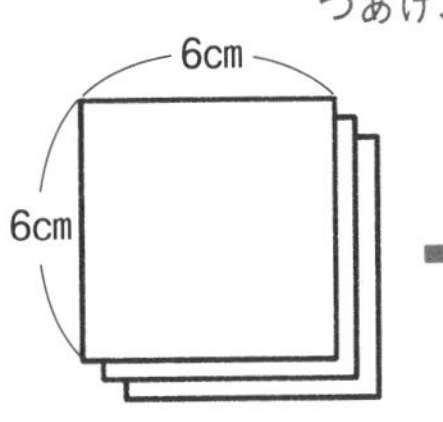

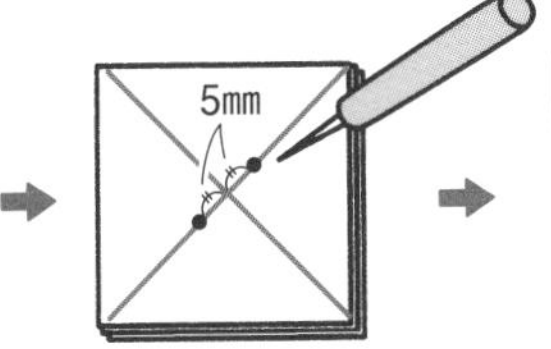

鉛筆で対角線を引き、交点から5mmのところに穴をあける。

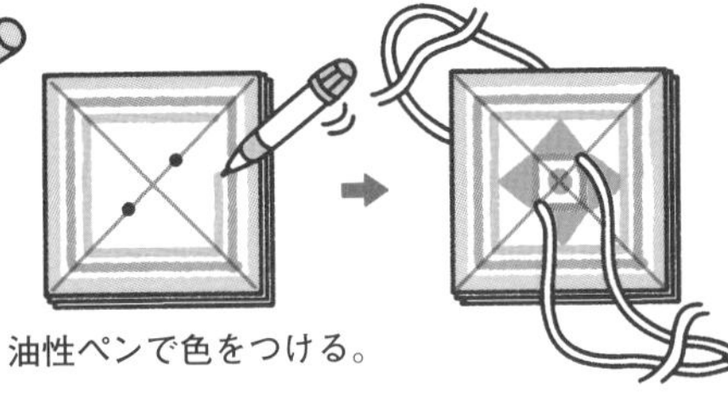

油性ペンで色をつける。

最初はこまを4〜5回巻いたら、左右に強く引く。こまの回転が逆になり始めたら緩めて強く引くをくり返すとこまの回転速度があがり、ブーンブーンとうなる。

No.45

トコトコ宇宙人

5歳児 Ⅲ期

準備するもの はさみ・紙コップ・厚紙・油性ペン・両面テープ

作り方&遊び方

1. 紙コップを図のように切り落とします。さらに、残りの部分を約1cm幅に切ります。
2. 図のように手を反らせます。切り落とした部分の真横と、反らせた部分の両隣はまっすぐ（4本）。残りは自由な形に。
3. 反らせた部分に厚紙で作った顔を両面テープで貼って完成です。

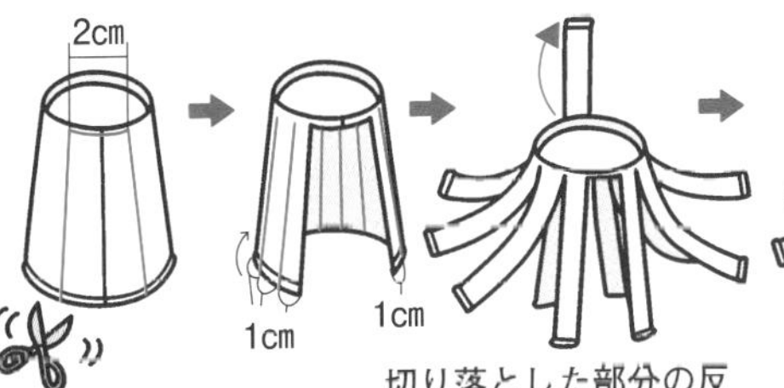

切り落とした部分の反対側1本は反らせる。

油性ペンで顔をかく。

坂道に置くと、トコトコと歩きながらくだっていきます。

いろいろな顔の宇宙人を作ってみよう！

切り方

やわらかいものを切る

対象 5歳児～

ピンと引っ張ってから切る！

はさみの使い方は、厚物を切る方法と同じです。

ひもやスズランテープ・ビニール袋など、やわらかいものを切るときは、左右にピンと引っ張ってから、真ん中を切ります。

No.46 かさ袋ロケット

5歳児 Ⅳ期

準備するもの はさみ・かさ袋・輪ゴム・ビニールテープ・色画用紙・油性ペン・キラキラテープ・セロハンテープ・防鳥テープ・洗濯ばさみ

作り方＆遊び方

1. かさ袋に空気を入れて袋の先をねじります。
2. その先に輪ゴムを通し、2つに折りたたんだ後、輪ゴムでとめます。
3. ビニールテープを10㎝に切って下図のように折って輪ゴムをはめ、袋の先端から5㎝の位置にしっかりとめます。
4. 防鳥テープをピンと引っ張ってから切って、2つ折りにしてかさ袋に貼りつけます。

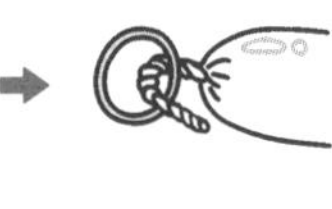

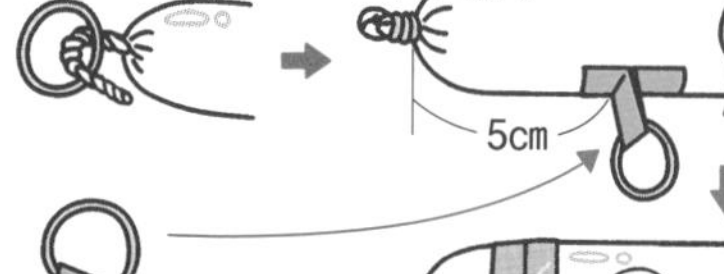

洗濯ばさみに輪ゴムをひっかけて、勢いよくとばそう。

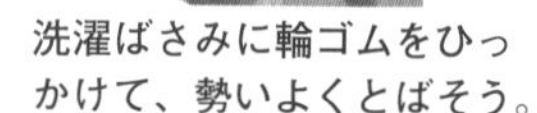

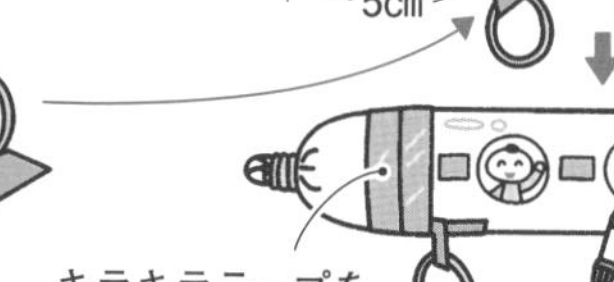

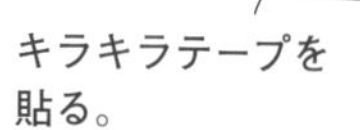

切り方

硬いものを切る

対象 5歳児～

はさみの奥を利用し、切れ目を入れて折る！

「切る」のではなく「切れ目」を入れて「折る」ことを覚えましょう。

割りばしを折る際には、はさみの奥を使って切れ目を入れ、割りばしを少し回します。これをくり返し切れ目が全体に入ったら、つめを当てて折ります。

No.47 割りばしてっぽう

5歳児 Ⅳ期

準備するもの
はさみ・割りばし1ぜん・輪ゴム

作り方＆遊び方

1. 割りばし1本を、はさみで3等分に切れ目を入れて折ります。
2. 折った割りばし1つと、長いままの1本を重ねて輪ゴムで巻きます。
3. 折った割りばし2つを輪ゴムでまとめ、長いままの1本に輪ゴムでとめます。
4. 長いままの1本の先端に、輪ゴムを引っかける溝をはさみなどで作ります。

※「当たると倒れる」的を作って楽しもう。

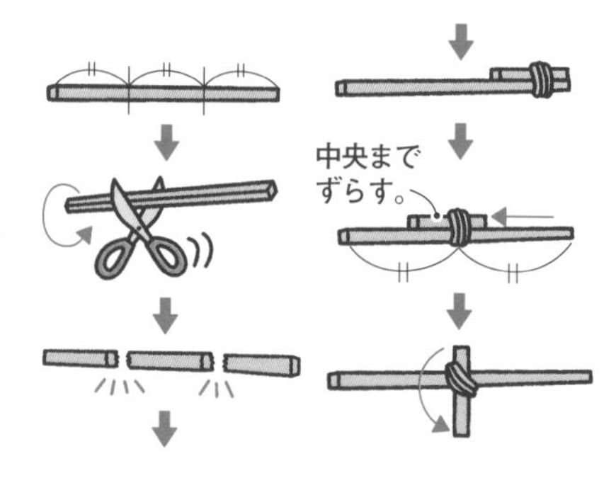

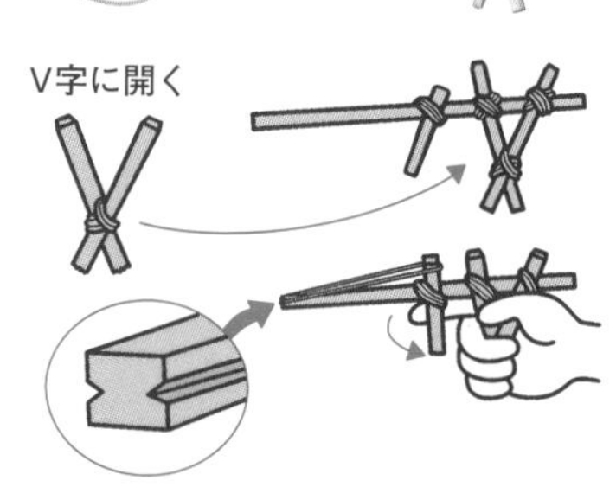

先端は輪ゴムがひっかかりやすいように切り込みを入れましょう（保育者）。

TOOL 05

のり

素材同士を接着することで、表現の可能性はさらに広がります。
それぞれの特徴を理解しながら活用しましょう。

でんぷんのり

植物性のでんぷん(小麦粉・米・イモ類など)を水で煮て、のり状にしたもの。手で塗っても安全で、広い面でも塗ることができます。

メイトのパレードのりは、トウモロコシのでんぷんが原料。

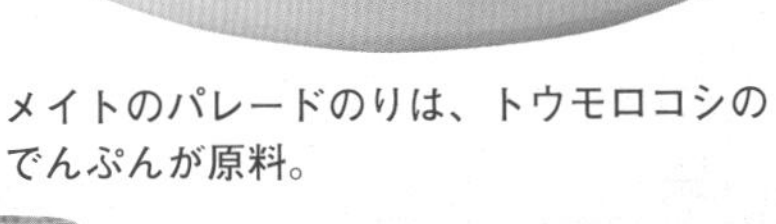

液状のり

合成樹脂から作った、接着力が高いのり。のりの出る部分がスポンジになっているものは、手が汚れることなく、広い面にも使いやすい。

木工用接着剤

酢酸ビニル樹脂を成分とする水性系接着剤で、木・布・紙などが接着できる。固まる前ならぬれタオルでふき落とせる。速乾性のものは、通常のものと水分量が違うだけで中身は同じ。水を入れて薄める時は、均一になるようよく混ぜるのがポイント(P.55参照)。

スティックのり

合成樹脂から作った、固形ののり。時間が経つと接着力がなくなるので、工作用には強力スティックのりのみを使用。染み出ないため、写真や布、和紙などの薄い紙を貼るのにも使用する。

マメちしき

保育者におすすめ！　知っていると便利！

ボンドタッチ

中身は木工用接着剤ですが、通常のものよりもノズルが細いため、細かい作業のある工作に向いています。

多用途SU瞬間接着剤

プラスチックや金属・異素材同士など、多用途に使用できる接着剤で、強力な接着力を誇ります(保育者)。

STEP 1 準備しよう

のりを使う環境を整えよう!

のりで汚れないように、余分なのりは取らずに、汚れた台紙は新しいもの取りかえましょう。

ビニールシート

のりで机が汚れないようにビニールシートで机全体をおおうように敷きます。

作品を貼る色画用紙

硬めのスポンジまたはぬれ雑きん

のりがついた手をこまめにふけるように、水を含んだ硬めのスポンジかぬれ雑きんを用意します。

のり台紙

包装紙や新聞紙を切って、ホチキスで束ねたのり台紙の上で、のりを貼る作業をしていきます。

作品

はさみで切った色紙を、でんぷんのりで色画用紙に貼ります。

のり

でんぷんのりをケース のまま置きます。または、紙パックの上に、使用する量だけをのせてもOKです。

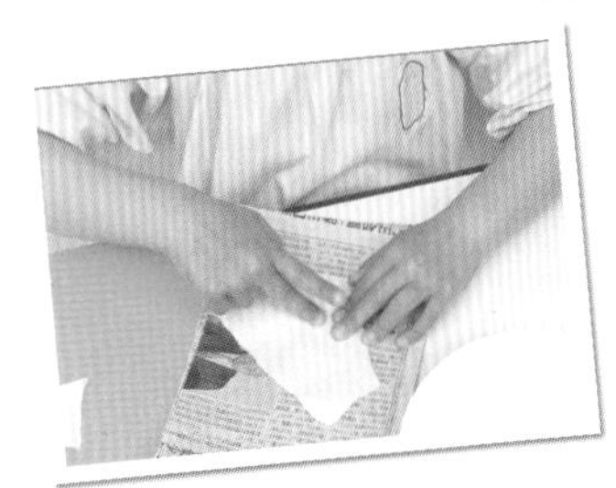

のり台紙が汚れたら、紙を切って下の紙を使いましょう。

紙パックのり台紙

のり台紙は紙パックでも作れます。1Lの紙パック１本で、４つ作れます。

STEP2 やってみよう！

でんぷんのりで貼ってみよう！

でんぷんのりの使い方の基本をおさえよう

初めて使うでんぷんのりで、いろいろな形の紙を貼って楽しみましょう。

1 適量を取る

指で適量ののりを取ります。最初は適量を取るのはむずかしいですが、経験を積みながら感覚をつかみましょう。

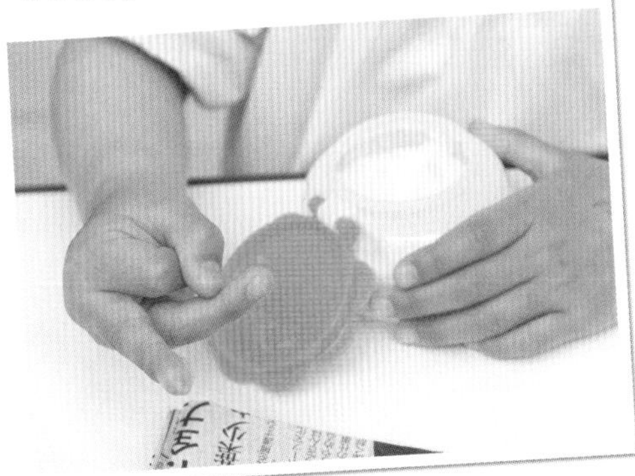

POINT

のりをつけるのは中指がおすすめ。汚れていない人差し指と親指で、ものをつかむことができるようになります。

2 よくのばして塗る

のり台紙の上に置いた紙に、のりをよくのばしてまんべんなく塗っていきます。「クルクルクルって指でのばしてね」など、言葉かけをしましょう。

POINT

のりがはみ出して、のり台紙にのりがついたら、紙を切って下の紙を使います。

3 指をきれいにする

のりがついた指は、硬めのスポンジやぬれ雑きんでぬぐってきれいにします。

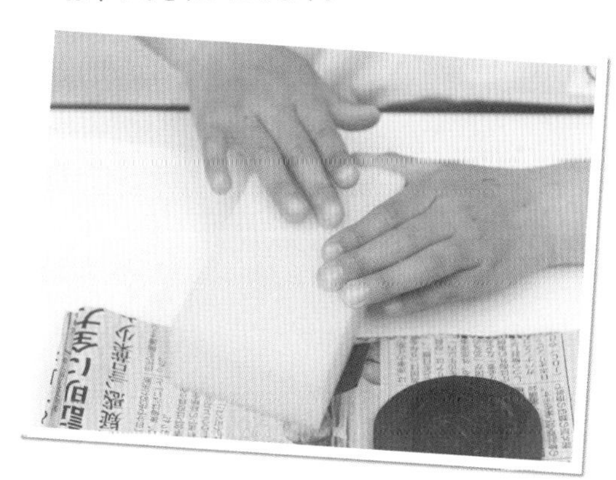

4 手のひらや指でしっかり押さえる

のりをつけた紙を、貼りたいものの上にのせ、接着させます。このとき、机などにのりがつかないように新聞紙などの上でつけます。「ぺたんって手で押さえよう」「紙の上から手でアイロンをかけようね」など、言葉をかけていきましょう。

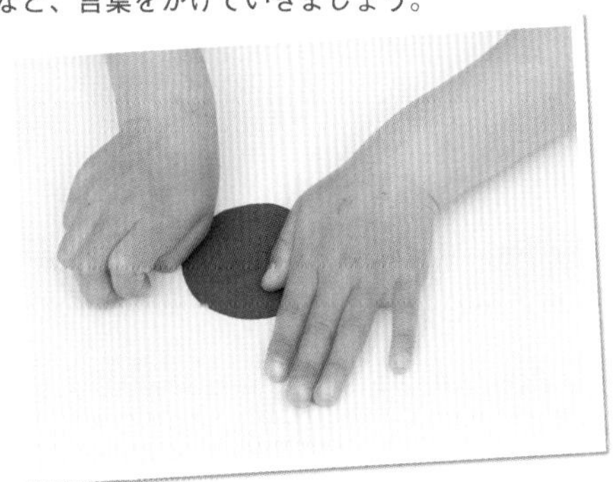

接着の基本を経験する！

水→ごはんつぶ→でんぷんのりと進化させよう

対象 2歳児～

水やごはんつぶのり、でんぷんのりを使って、ものとものがくっつく基本的なしくみを体験しましょう。

No.48

水でペッタン

2歳児 Ⅱ期

準備するもの 水・紙ボウル・新聞紙（さいたもの）

作り方＆遊び方

❶ 水を入れた紙ボウルに、新聞紙を浸してぬらします。

❷ ぬれた新聞紙と新聞紙をくっつけます。

水で新聞紙と新聞紙がくっついた！

ちぎった新聞紙で、どんな形ができるかな。

コピー用紙でやってみよう！

新聞紙と同じように、コピー用紙を水でぬらして、保育室の壁に貼ってみよう。

細長い紙をペッタン。

No.49
ごはんつぶのりでペタッ

準備するもの
ごはん・紙ボウル・ぬるま湯・色紙・色画用紙

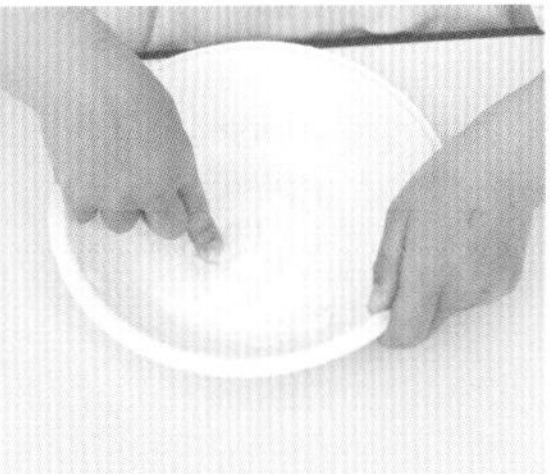

❶ 炊いたごはんつぶを紙ボウルなどに入れ、ぬるま湯を少し加え、指でつぶします。でんぷんのりのような均一の硬さになったらOK。

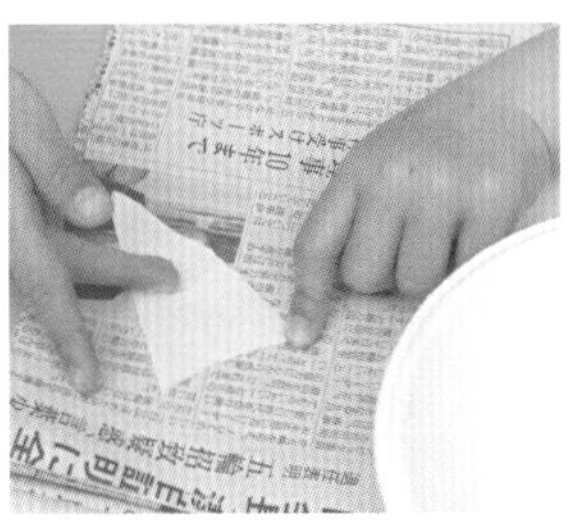
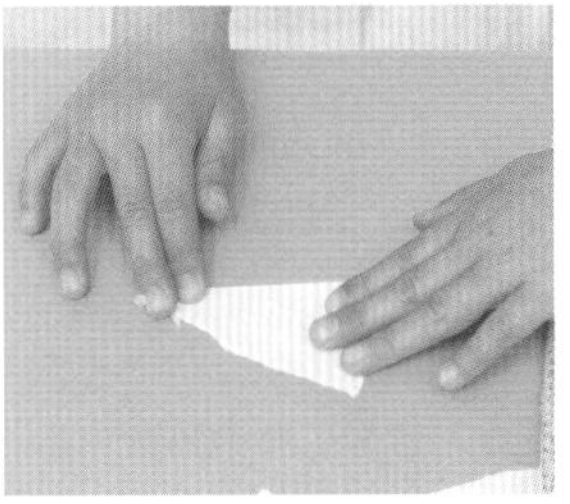

❷ ごはんつぶのりをちぎった色紙に塗って、色画用紙に貼っていきます。

たくさん貼れたよ！

ごはんつぶのりで、色紙をたくさん貼りつけたよ！ ごはんつぶのりはいたみやすいので、1日で使い切るようにしましょう。

援助のポイント
はじめての接着は、のりを指でのばして塗る感触を味わいながら楽しめるようにしましょう。

No.50
でんぷんのりでつなごう（どんどん）

準備するもの
でんぷんのり・新聞紙（または紙テープ）

作り方＆遊び方

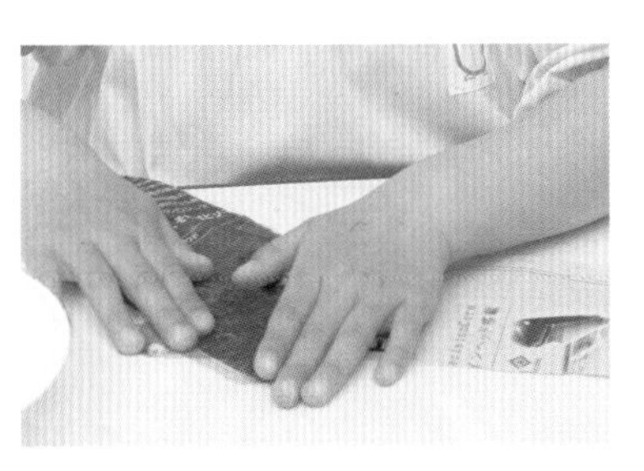

ちぎった新聞紙（または紙テープ）にでんぷんのりを塗って、接着していきます。

楽しかった！ 次は何を作ろうかな

あとかたづけをするときも、みんなで集めれば楽しい！

さいた新聞紙をどんどん接着させて、保育室いっぱいにつながりました。

でんぷんのりでたくさん貼ってみよう！

連続で貼って作品作り

対象 3歳児〜

たくさんの紙を連続して貼りつけて、様々な接着方法で作品を作りましょう。

No.51 こいのぼりバッグ　3歳児　Ⅰ期

準備するもの
でんぷんのり・クラフト封筒（角2・½）・はさみ・セロハンテープ・紙テープ（または色紙）・カラーペン・穴あけパンチ・リボン

作り方&遊び方

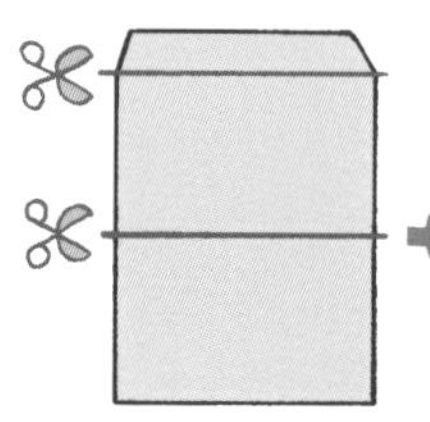
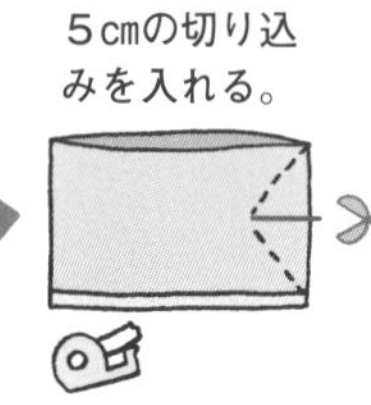

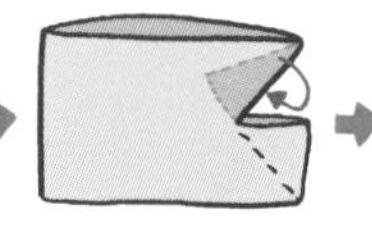
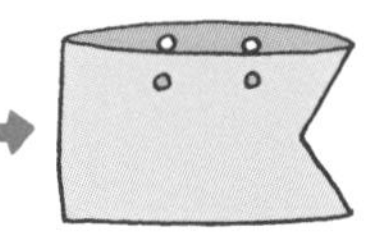

中に折り込み、内側をセロハンテープでとめ、穴あけパンチでひも穴を作る（保育者）。

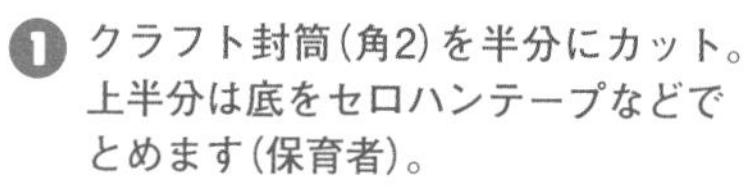

❶ クラフト封筒（角2）を半分にカット。上半分は底をセロハンテープなどでとめます（保育者）。

❷ クラフト封筒に、短く切った紙テープを、でんぷんのりで貼っていきます。片側だけ貼れば、うろこのようになります。

❸ リボン（50cm）は外側から通して、中で両端を結びます。

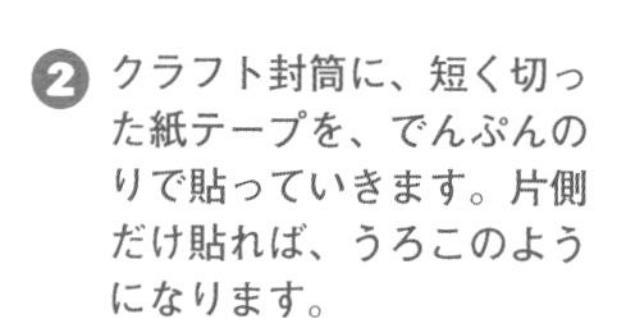

No.52 帯つなぎ　3歳児　Ⅱ期

準備するもの
でんぷんのり・色紙・はなおりがみ・はさみ

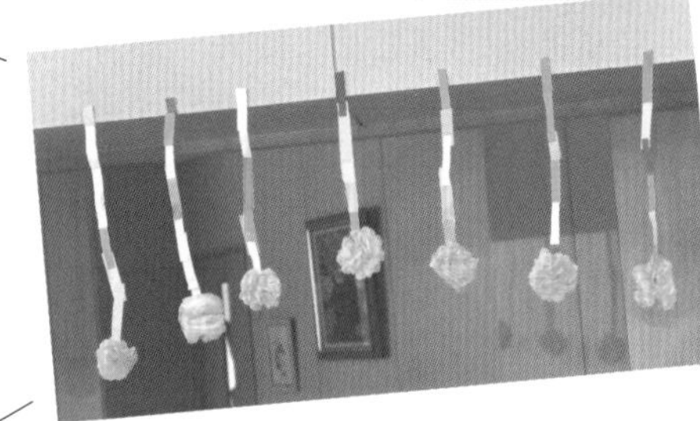

作り方&遊び方

【おび】（子ども）

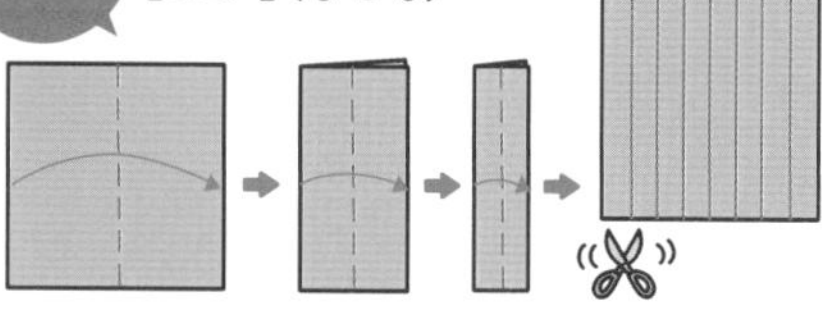

❶ 色紙を3回半分に折り、ハサミで折り目に沿って切る。

❷ 友達と違う色の紙帯を交換してカラフルにする。

❸ 紙帯をのりでつなぐ。

【花】（保育者）

❶ はなおりがみを5枚1組にして2cm幅にじゃばら折りする。

❷ 真ん中を輪ゴムでとめる（ホチキスでとめてもよい）。

❸ 両端を斜めに切り落とす。

❹ 折り目が上下になるように紙を立てながら1枚ずつ順に開いていく。

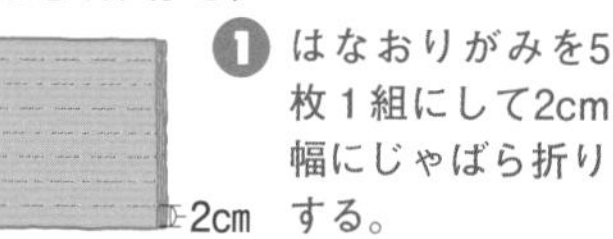
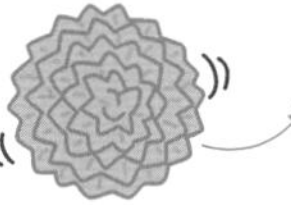

❺ 紙帯の端と花をでんぷんのりで接着する。

たくさん作って並べてつるす。

No.53

○△□で作ろう

準備するもの
でんぷんのり・色紙(保育者が大小の○・△・□に切る)・画用紙・クレヨン

作り方&遊び方

❶ テーブルに○・△・□の色紙を広げて、見立て遊びをします。

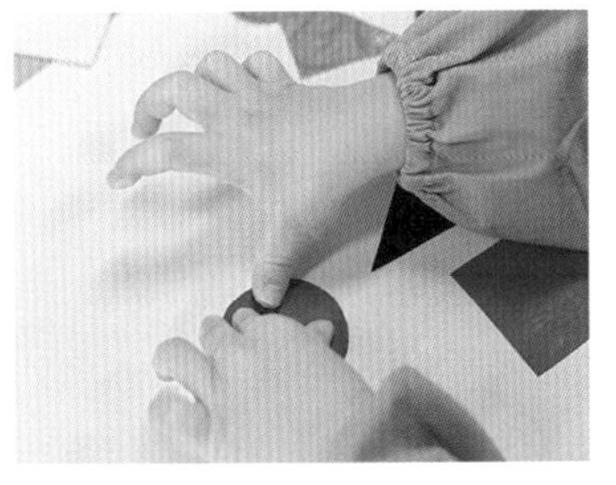

❷ 充分に見立て遊びをしたら、画用紙にでんぷんのりで貼ります。

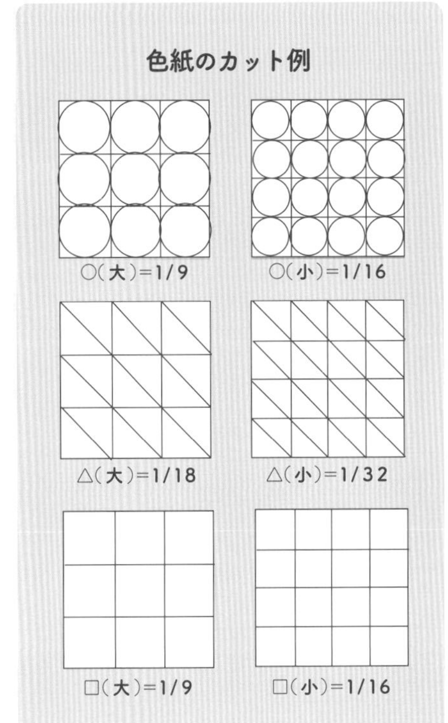

援助のポイント

「○△□の色紙をどんな風に積んでいこうか?」などと、色と形を考えながら、画用紙の中で平面積み木のように図形を動かして楽しみながら貼りましょう。

たくさん木がはえている場所に、おうちを作ったの!

大きなおうちが完成!

ロケットがビューンって飛んでいくよ!

面いっぱいに貼ったり、点で貼ろう!

構成を考えながら接着する

紙帯を貼って生き物の形を表現したり、立体的なものを貼りつけたり、複雑な接着をします。液体のりも使用してみましょう。

No.54 紙帯ムシ・アニマル

準備するもの
でんぷんのり・色紙を3回折って切った紙帯など・はさみ・クレヨン

作り方&遊び方

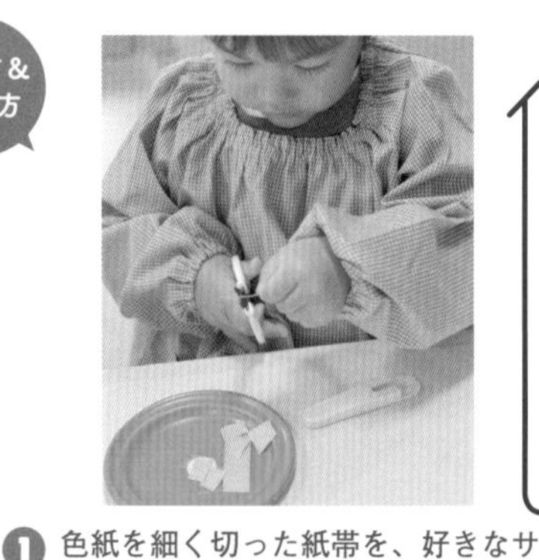

援助のポイント
5歳児には、紙帯などの小さな場所にも過不足なくのりをつけることにもチャレンジするように言葉かけしましょう。

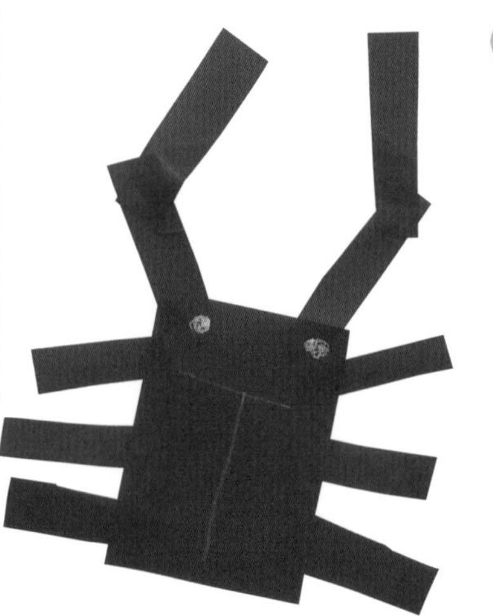

① 色紙を細く切った紙帯を、好きなサイズに切ります。それを虫や動物など、好きな形になるように、でんぷんのりでつなげていきます。クレヨンで顔などをかきます。

No.55 七夕ちょうちん

準備するもの
でんぷんのり・色紙・はさみ

ひもをつけてぶらさげたり、短冊をつけて飾ったりしましょう。

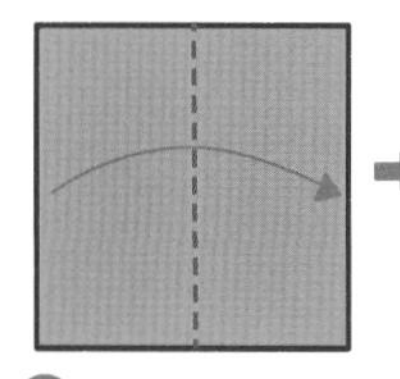

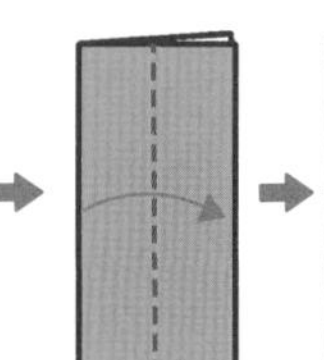

① 3回半分に折る。

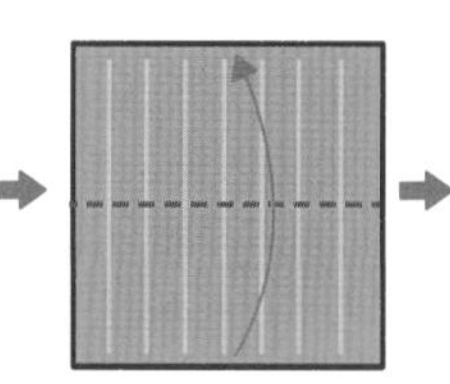

② 広げて2つに折る。

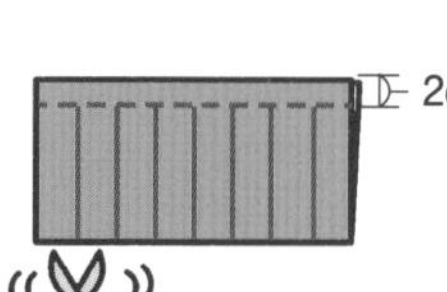

③ はさみでとめ切りする。

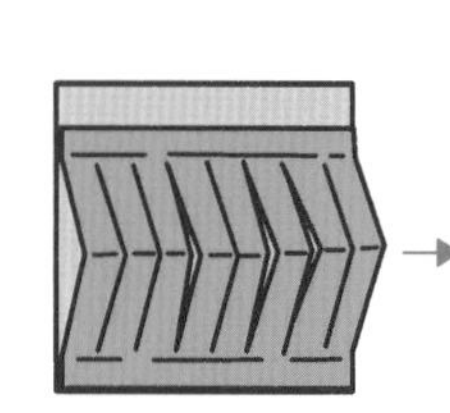

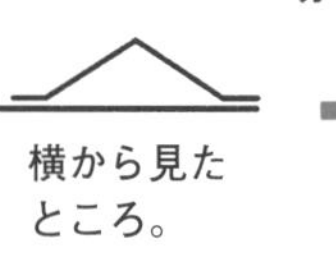

④ ③をずらして貼る。

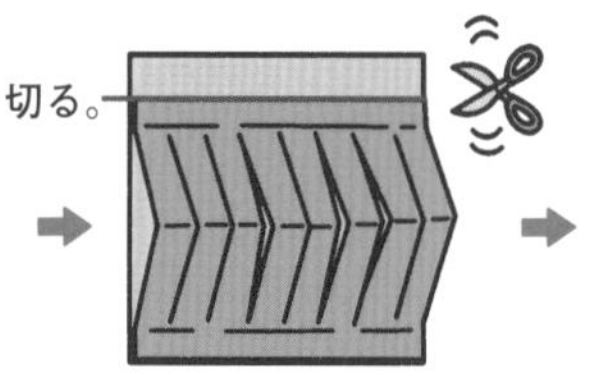

⑤ 切る。

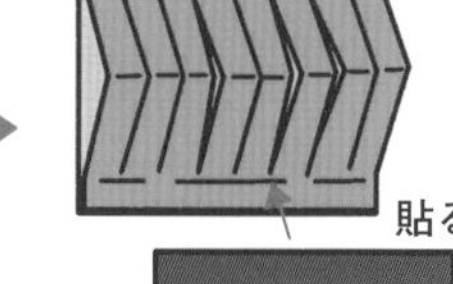

⑥ 黒帯を貼っていく。

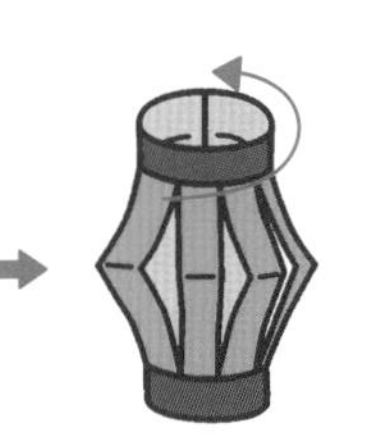

⑦ 丸めてとめる。

⑧ ひもと短冊をつける。

のり 紙帯ムシ・アニマル/七夕ちょうちん

No.56

ぴょんぴょんタコさん

準備するもの
液体のり・色紙・はさみ・カラーペン

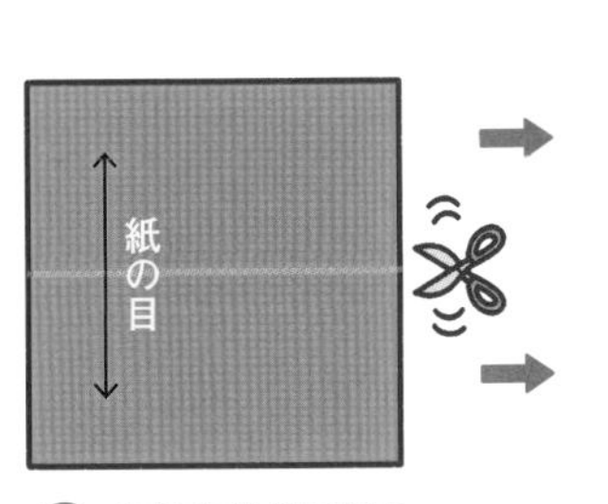

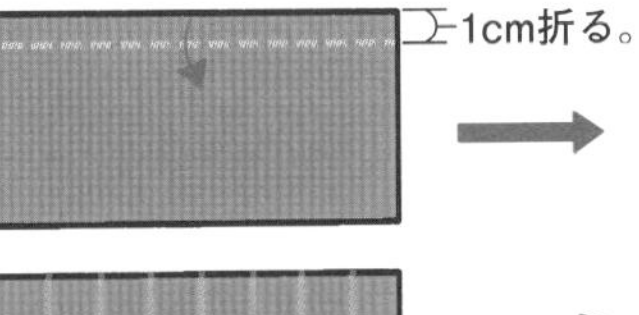

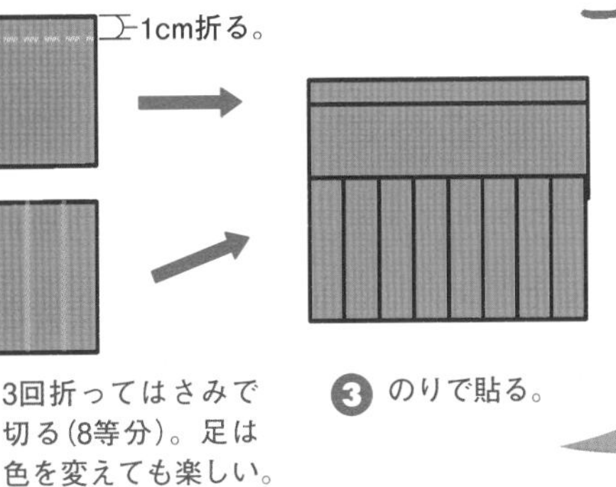

❶ 色紙を半分に切る。（紙の目に沿って切る）。

❷ 3回折ってはさみで切る（8等分）。足は色を変えても楽しい。

❸ のりで貼る。

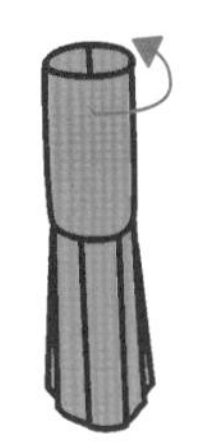

❹ 丸めて貼る。

指で頭をチョンチョンするとぴょんぴょんはねる。

※紙の目についてはP.78を参照。

No.57

ぐるぐる太陽

準備するもの 液体のり・色紙・はさみ・色画用紙（八ツ切り）

援助のポイント

液体のりは、手を汚さずに大きな面にのりを塗ることが可能なので便利です。のりをすばやく、きれいに塗る楽しさを味わいます。

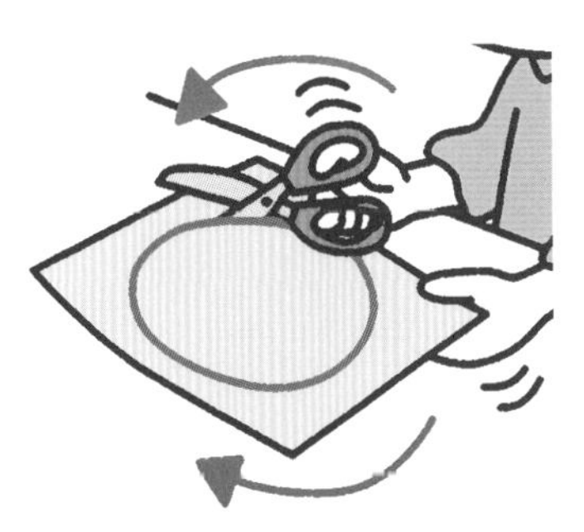

❶ 円切り（P.41）で丸くカットした色紙を、さらにぐるぐる切り（P.42）で円帯に切ります。

❷ 色画用紙に円帯や紙帯を保育者とともに少しずつずらしながら、液体のりで貼ります。

＼ 色や形などにこだわって、太陽をデザインしよう ／

接着面を意識してのりを使う！

みんなで協力して楽しい街を作ろう！

対象 3歳児～

最初は平面を貼ることからスタート！　なれたら半立体、
そして立体へと貼る仕事を発展させましょう。

No.58 迷路を作ろう

準備するもの
でんぷんのり・色画用紙（八ツ切り※台紙用・迷路用で異なる色を各1枚）・はさみ

作り方＆遊び方

台紙の色画用紙に、細長くはさみで切った迷路用の色画用紙を貼ります。

援助のポイント
台紙の上に紙帯を置き、指にのりをつけ、紙帯の全体にのりを薄くのばすように伝えましょう。

No.59 トンネルを作ろう

4歳児 Ⅲ期

準備するもの　でんぷんのり・色画用紙（八ツ切り※建物用で1枚）・はさみ

作り方＆遊び方

台紙の色画用紙に、半立体のトンネルの色画用紙を、でんぷんのりで貼ります。貼りつくまで少し押さえることが大切。

色画用紙を切って道に見立てて
台紙に貼っていく。

No.60 街を作ろう

準備するもの　でんぷんのり・色画用紙（八ツ切り※建物用で1枚）・はさみ

作り方＆遊び方

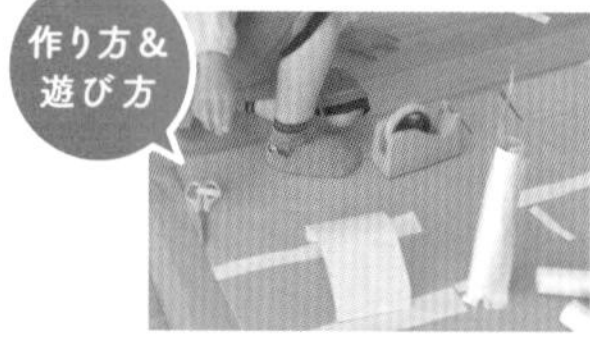

色画用紙を円柱にして、立体的にした建物をでんぷんのりで貼ります。

家や信号機のある立体的な街を作ったよ

友達と一緒に協力して、紙パックや菓子の箱も使って、大きな街を作りました。

木工用接着剤を使おう！

いろいろな素材を接着しよう！

木工用接着剤はもっとも一般的な化学接着剤。
紙・木以外にも、いろいろなものを接着できます。

No.61

カタツムリ行進

準備するもの

木工用接着剤・段ボール・片段ボール・はさみ・油性ペン

1. 段ボールの端をとめ切りで切り込みを入れて、目を立てます。
2. 片段ボールを丸めて木工用接着剤でとめて、さらに、それを段ボールに接着します。

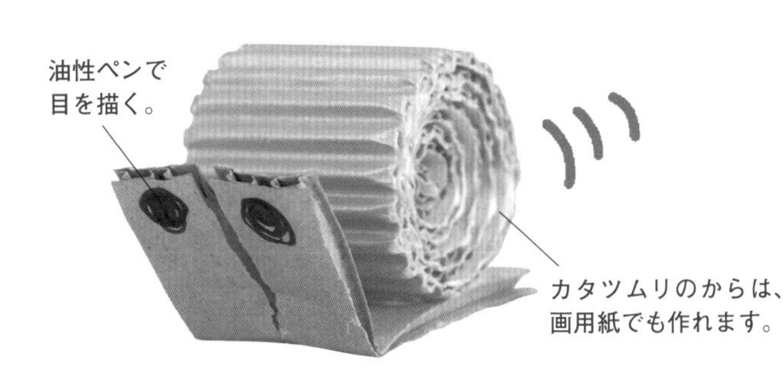

油性ペンで目を描く。

カタツムリのからは、画用紙でも作れます。

援助のポイント

段ボールに使う場合は、段ボールが木工用接着剤の水分を吸ってしまい接着力が落ちるので、多い目につけるか、2度塗りをしましょう。

マメちしき

木工用接着剤についてもっと知ろう！

数ある化学接着剤のうちでもっともポピュラーで、
使用範囲の広いのが木工用接着剤です。紙素材同士以外にも、
様々な素材（木・布・革など）との接着に向いています。

Q 穴がつまったら？

A ノズルに針金などを差し込み、穴を通しましょう

ノズルをはずして、ノズルの後ろから接着剤のかたまりを取り出します。ノズルがはずれなければ、ペンチではさんではずすか、穴からもめん針（太）か針金を差し込み穴をあけます。

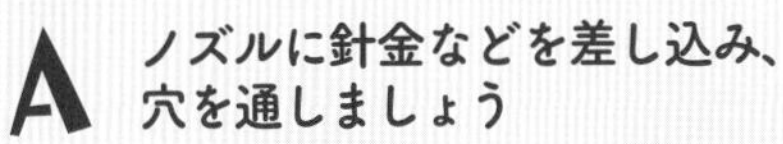

Q 通常タイプと速乾タイプ、何が違うの？

A 中の水分率が違うだけで中身は同じです

木工用接着剤には2種類ありますが、実は中身は同じものです。違うのは水分の量だけ。通常タイプも、水分が少なくなると、しぜんと速乾タイプに変身します。

Q ドロドロしてきてしまったら？

A 水を加えれば、もとのサラサラになります

木工用接着剤がドロドロするのは、水分が抜けて硬くなっているためです。水を加えることで、もとのサラサラした状態に戻ります。このとき均一の濃度になるまで、よく混ぜます。

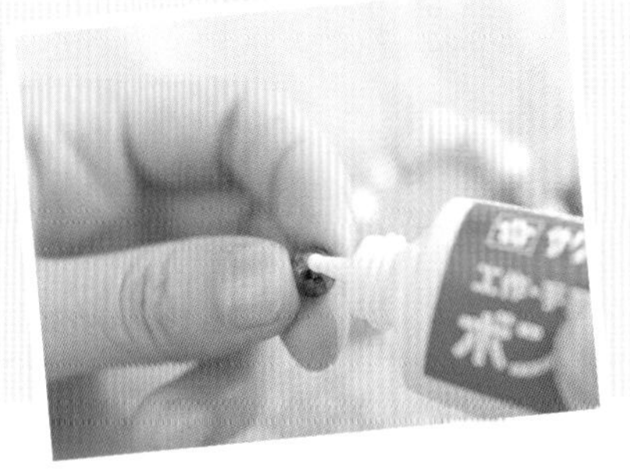

木と革、革と布、布と木など、異素材同士の接着も得意です。細かいところには、ノズルの細いボンドタッチ（P.45）がおすすめです。

No.62

等身大のぼく・わたし ～春の風にのって～

準備するもの

でんぷんのり・木工用接着剤・段ボール・段ボールカッター・油性ペン・はさみ・布やボタンなど・色画用紙・ローラー・ロール紙・水・中性洗剤・絵の具・ブルーシート

援助のポイント

5歳児の終わりのころには、貼る素材の組み合わせを考えた接着剤の選択が大切です。でんぷんのりか、液体のりか、それでもつかなければ木工用接着剤を使うなど、ベストな選択を考えましょう。

1. 段ボールに子どもがあおむけになり人型をとります。それを切り抜いて、自分の等身大人形のベースを作ります。

2. 将来、なりたい自分を想像しながら布や色画用紙などで職業に合った服を作って、でんぷんのりや木工用接着剤で貼ります。

3. 春の風を想像しながら、絵の具で春の色を作ります。水と中性洗剤を混ぜると、色のりがよくなります。ロール紙に、ローラーで絵の具を塗っていきます。※色を重ねるときは、下の色が少し乾いてからにしましょう。

4. 春の風をバックに、等身大の人形を並べて、木工用接着剤で貼っていきましょう。

卒園式に向けた共同製作にぴったりの作品です。友だちと協力し合って作りましょう。

● 遊びのアレンジ

春の園庭

保育室の壁に、園庭をイメージして今の自分の姿を段ボールで作る展示もすてきです。

個性あふれる人形になりました。

TOOL 06

テープ

貼ったり飾ったりできるよ♪

様々な種類があるテープは接着する以外にも、装飾にも役立ち表現の幅を広げてくれるアイテムです。

セロハンテープ

材質 ポリプロピレン又はパルプ

短時間で手軽に接着できる、もっともポピュラーな接着・接合できるテープがセロハンテープです。耐久性はあまりないので、長期間の接合には不向きです。

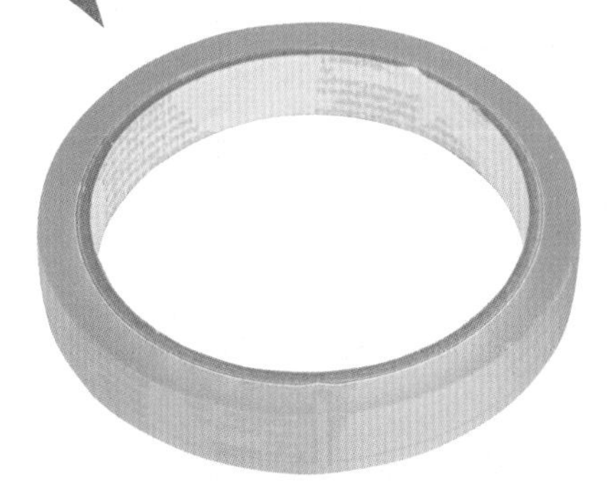

セロハンテープやメンディングテープは、しっかりとしたカッター台を活用することで、安全で便利に使えます。

メンディングテープ

材質 アセテートフィルム

もともとは紙の修繕が目的のテープのため、上から鉛筆などで文字がかけ、ネームラベルとしても使用できます。セロハンテープと比べて劣化しにくく、長期的な使用が可能です。

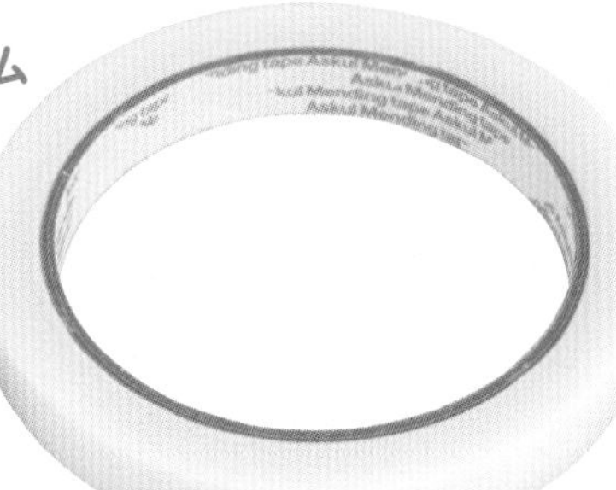

接着の2大アイテム

【テープとのりについて】

迷ったらどっちを使う？

or

のり

テープは乾燥させる手間がなく、スピーディーに接着することができます。ただし、なんでもかんでもテープを使ってしまうと、できあがりが美しくないものになってしまうことも。また、セロハンテープばかり使うと、接着・接合の文化にふれられなくなってしまいます。幼児教育の現場では、まずはでんぷんのりを優先させて、のりの感触を味わい、接着の意味や知識を身につける環境づくりが必要です。テープは、のりではとめにくい素材で使用するようにしましょう。

STEP1 知ろう!

いろいろな種類のテープ

テープの特徴や
用途に合わせた
使い方をおさえよう。

粘着テープ（ガムテープ）

段ボールなど大きなものを貼るのに便利です。クラフトテープと布テープの2種類があります。

クラフトガムテープ

材質 紙が中心

軽量で扱いやすく、布製に比べると安価。大量に使用する大型工作などに向いています。

布ガムテープ

材質 布が中心

粘着力が強く丈夫。手でまっすぐ切ることができ、色数も豊富。油性ペンなどで文字がかけ、重ね貼りもできます。

カラフルなカラー布ガムテープ

大型作品を作るときの飾りとしても使いやすい。

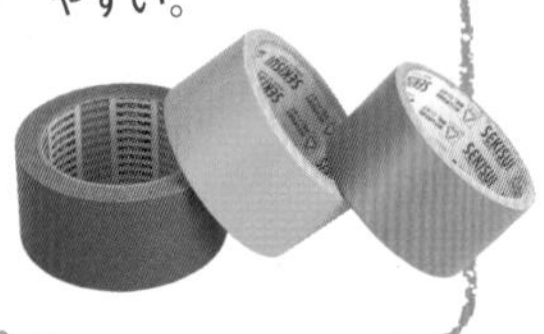

両面テープ

材質 多種あり

両面に粘着面があり、片面を貼ってから反対面の剥離紙をはがして使います。幅や厚み、強度も様々なものがあります。のりのように使えるので、作品の仕上がりもきれいです。

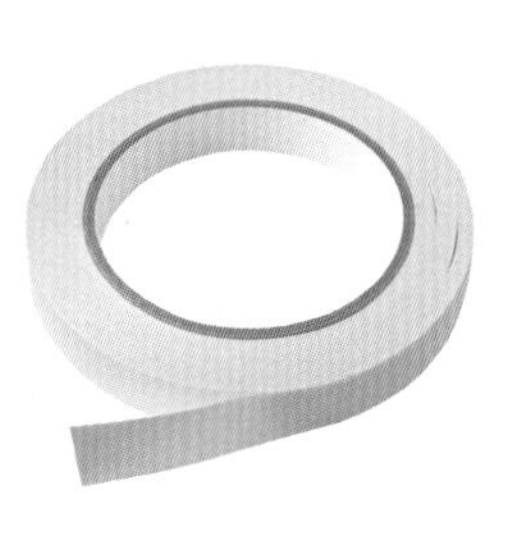

ビニールテープ

材質 塩化ビニールフィルム

粘着度が強く、丈夫で防水性もあるので、水遊びグッズなどにも使用できます。保育者が子どもに例を見せるときに、セロハンテープ代わりに使うとカラフルなのでわかりやすくなります。

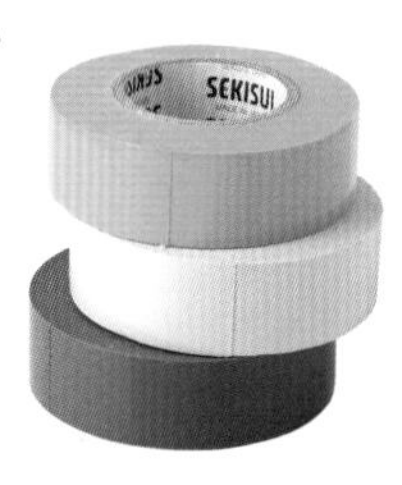

マスキングテープ

材質 紙など

本来は塗装などの際に、汚れや傷がつかないようにする養生用に作られたもので、粘着力が弱く何度でも貼り直しができます。現在は、色やもようも豊富で、装飾などにも使用されます。

キラキラテープ

材質 ポリ塩化ビニル

メタリックやホログラム加工などが施された、装飾用のテープです。アクセントとしても◎。

年齢別・発達別

セロハンテープの使い方の目安

セロハンテープを例にして、年齢別・発達別に、どのような使い方ができるかを知っておきましょう。

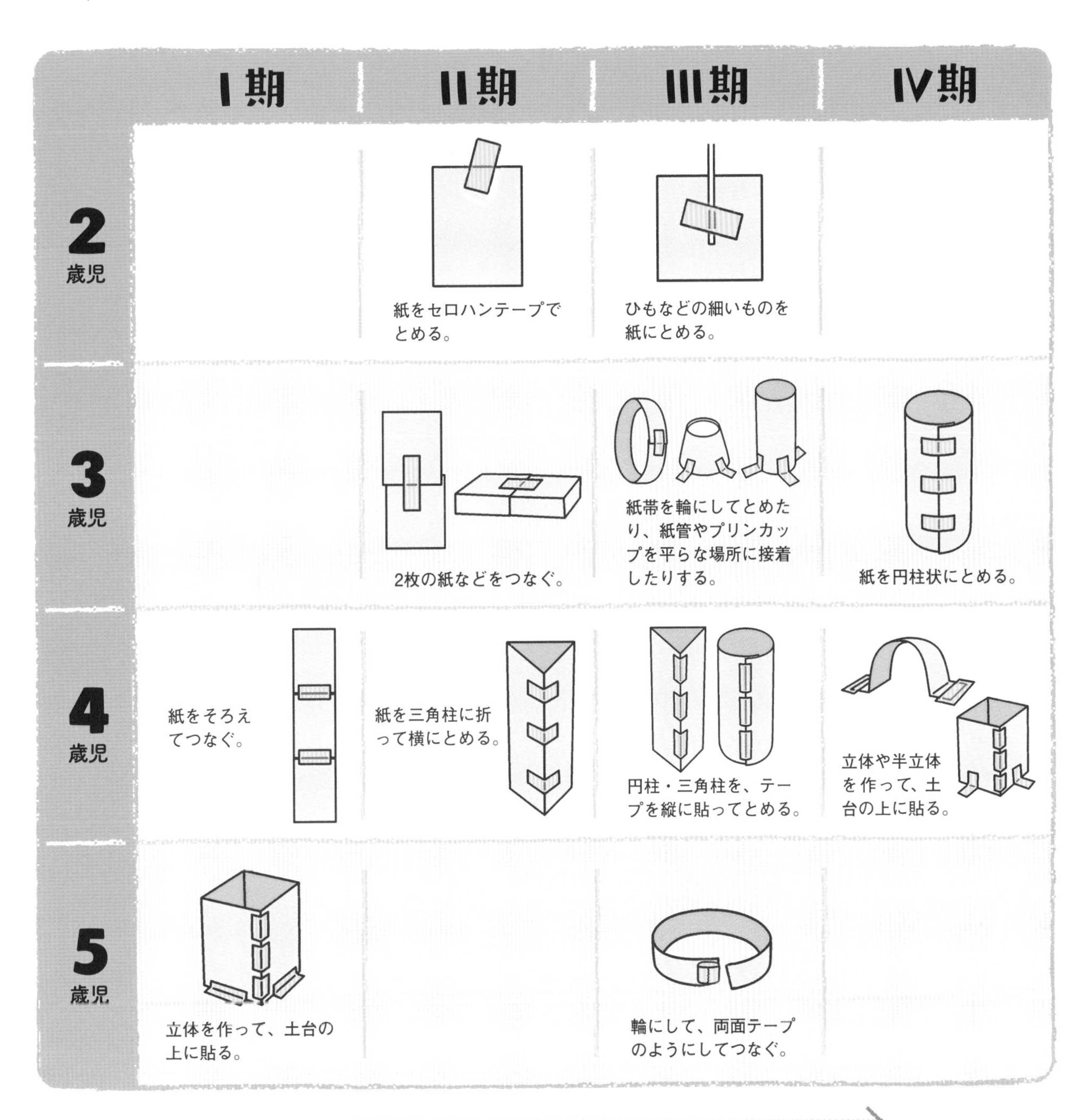

	Ⅰ期	Ⅱ期	Ⅲ期	Ⅳ期
2歳児		紙をセロハンテープでとめる。	ひもなどの細いものを紙にとめる。	
3歳児		2枚の紙などをつなぐ。	紙帯を輪にしてとめたり、紙管やプリンカップを平らな場所に接着したりする。	紙を円柱状にとめる。
4歳児	紙をそろえてつなぐ。	紙を三角柱に折って横にとめる。	円柱・三角柱を、テープを縦に貼ってとめる。	立体や半立体を作って、土台の上に貼る。
5歳児	立体を作って、土台の上に貼る。		輪にして、両面テープのようにしてつなぐ。	

マメちしき

セロハンテープの弱点

何にでも貼れて万能に見えるセロハンテープですが、油分があるところでは接着力が弱くなります。また、強い力がかかる場所や、長期間の接着、屋外での接着などにも向きません。

STEP2 やってみよう!

シール貼りを楽しもう!

対象 2歳児〜

まずはテープをはがして貼る!

最初は、保育者が準備したテープをはがして貼るシールのような感覚で、テープの使い方を学びながら、飾りつけをしていきましょう。

まずは小さくカットしたビニールテープを準備

準備するもの
ビニールテープ・下敷き・定規・カッター

下敷きにビニールテープを貼って、定規とカッターを使って、ビニールテープをカットします。

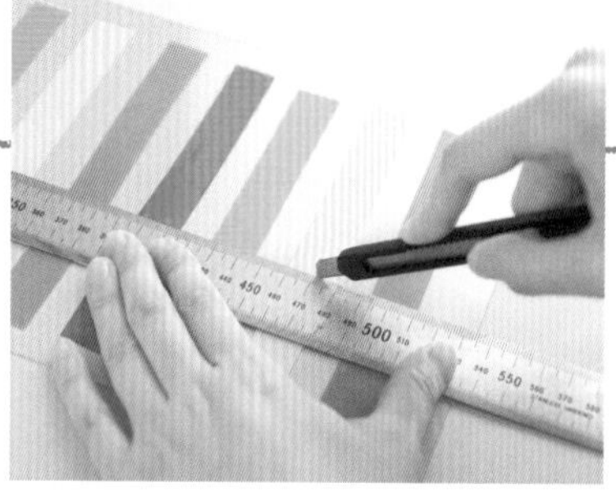

カッターの刃は少しだけ出して切ります。

ビニールテープはあらかじめ保育者が切っておきましょう。2歳児は短めに、3歳児は少し長めになど、長さを変えましょう。

No.63

おしゃれコップ

2歳児 Ⅱ期

準備するもの ビニールテープ・透明コップ

作り方&遊び方

ビニールテープをはがして貼っていきます。

いろいろな色のテープを使ってカラフルなおしゃれコップにしよう。

No.64

カラフルビニールボール

2歳児 Ⅲ期

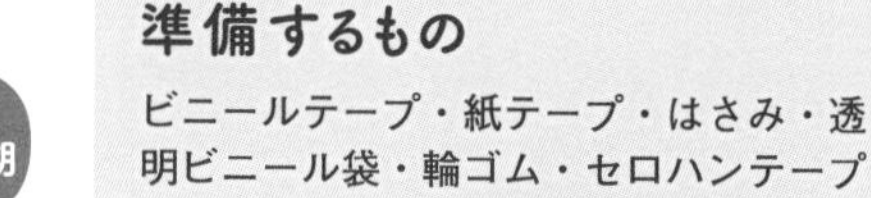

準備するもの
ビニールテープ・紙テープ・はさみ・透明ビニール袋・輪ゴム・セロハンテープ

作り方&遊び方

❶ 紙テープを1回切りし、透明ビニール袋に入れます。

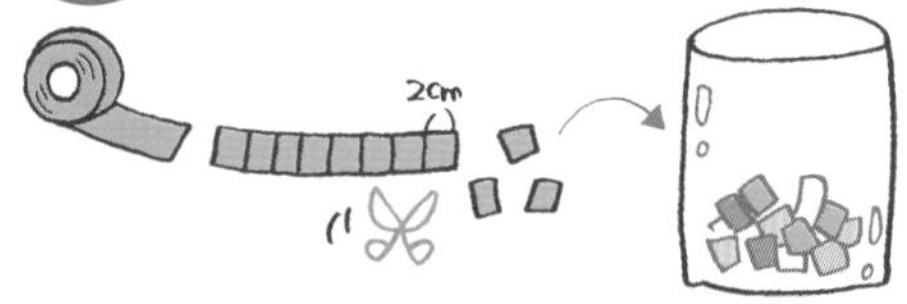

❷ 空気をパンパンにして輪ゴムで口を結び、口と端をセロハンテープでとめます(保育者)。

❸ 好きな色のビニールテープを貼っていきます。

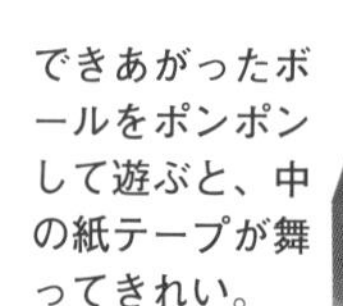

並べて飾ってもきれいです。

できあがったボールをポンポンして遊ぶと、中の紙テープが舞ってきれい。

No.65
マステ★カバン

準備するもの ビニールテープ・マスキングテープ・両面テープ・クリアファイル・穴あけパンチ・リボン

作り方&遊び方

クリアファイルに、ビニールテープやマスキングテープを貼ります。

No.66
コロコロ

準備するもの ビニールテープ・キラキラテープ・紙管（ラップやトイレットペーパーの芯など）

❶ 紙管にビニールテープやキラキラテープを巻きます。

❷ 平らなところや斜面などで転がして遊びましょう。

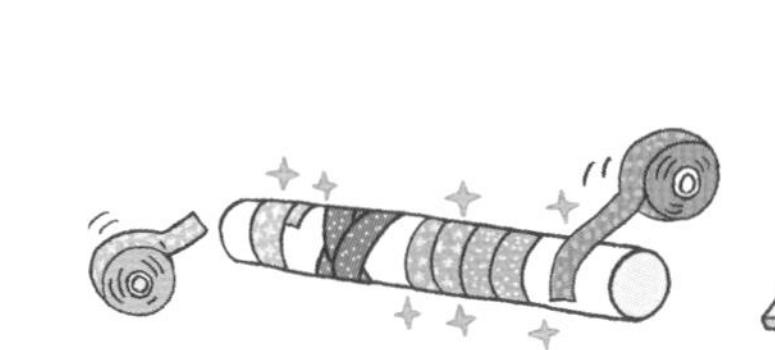

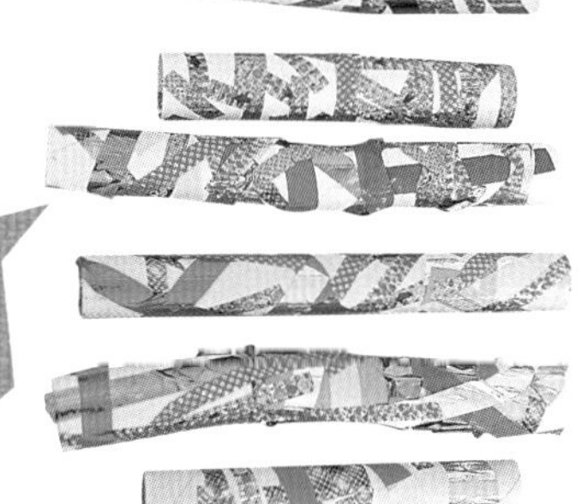

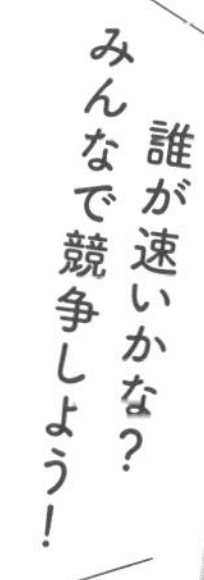

色テープやセロハンテープを組み合わせよう！

対象 4歳児～

デザインも意識しながら作ろう

色テープとセロハンテープを組み合わせて、
デザインを考えながら作品作りをしましょう。

No.67 でんでん太鼓

準備するもの

マスキングテープ・布ガムテープ・セロハンテープ（またはホチキス）・紙皿2枚・クレヨン・割りばし・穴あけパンチ・綿ロープ・はさみ・大きめのビーズ・色紙シール

❶ 紙皿（裏）に好きな絵をクレヨンでかき、紙皿（表）に割りばしを布ガムテープで貼ります。

❷ 保育者が、紙皿2枚をセロハンテープでとめて、穴あけパンチで穴をあけ、綿ロープを通します。

❸ 色紙シールを皿の周りに貼っていきます。

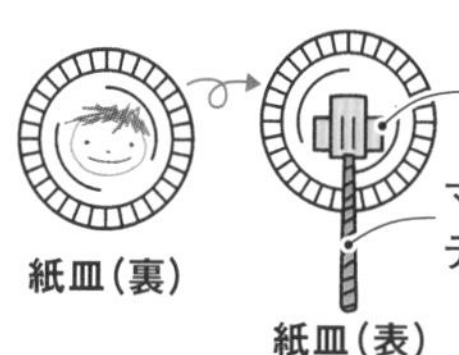
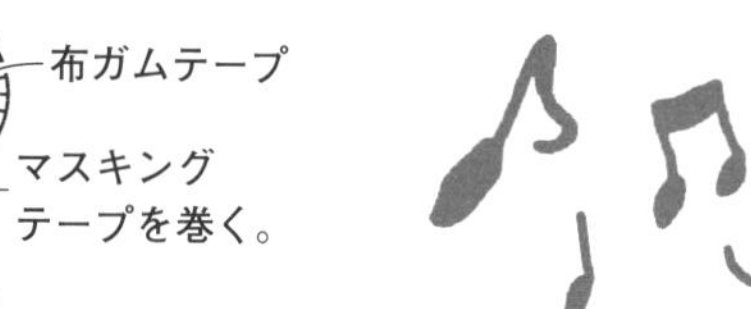

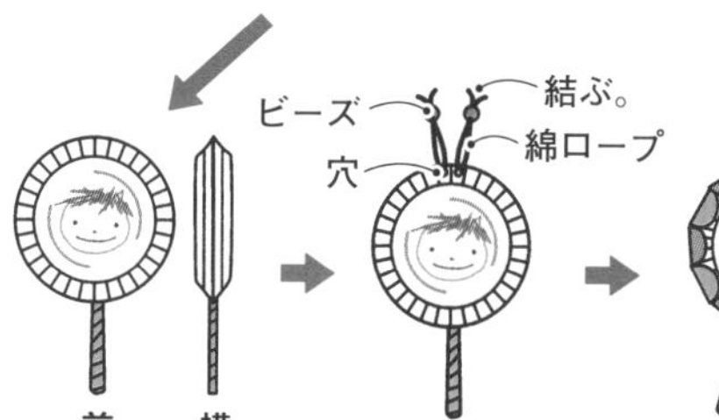
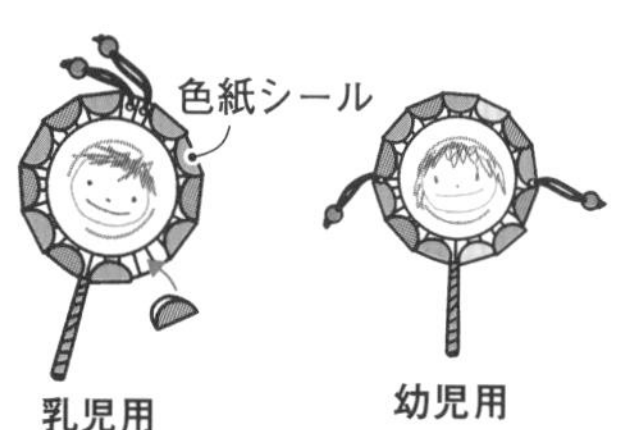

乳児用のでんでん太鼓は、上に穴をあけて綿ロープを通しましょう。

幼児用のでんでん太鼓は、左右に回転させて音を鳴らします。

No.68 お花を咲かせよう

準備するもの

ビニールテープ・布ガムテープ・画用紙・はさみ・色紙・カラーペン・スズランテープ・たこ糸

作り方&遊び方

❶ 丸く切った画用紙の中心に、色紙を貼ったり、カラーペンで丸を描きます。ビニールテープを花びらのように貼ります。

❷ 裏面にビニールひもやたこ糸を布ガムテープなどで貼ります。安全のためひものとめ方は図のようにしましょう。

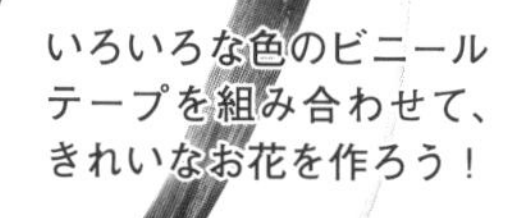

いろいろな色のビニールテープを組み合わせて、きれいなお花を作ろう！

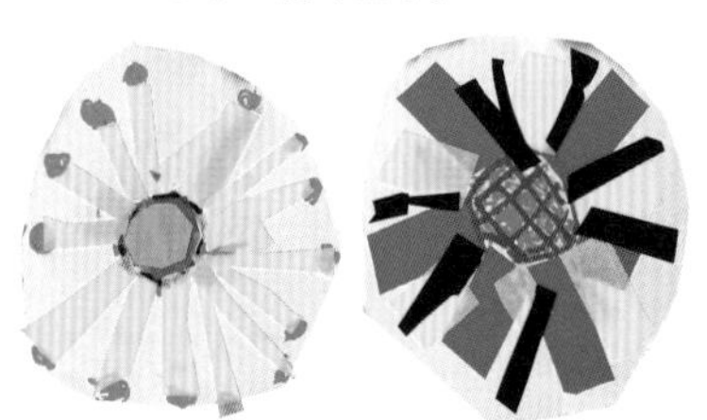

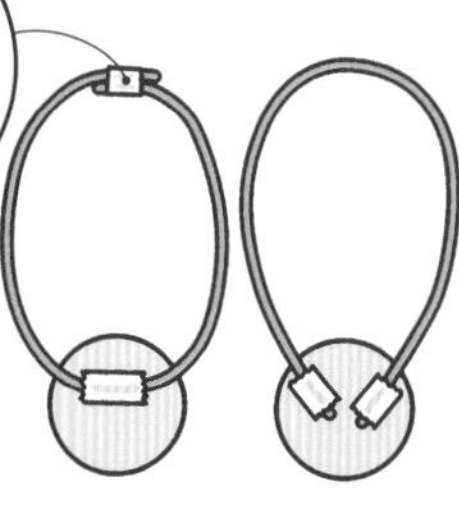

No.69

ペットボトル船＆ロケット

準備するもの

強力両面テープ・マスキングテープ・キラキラテープ・ビニールテープ・ペットボトル（1.5L×1本、500mL×２本）・プリンカップ・色画用紙・油性ペン・竹ぐし

❶ ペットボトル（1.5L×1本、500mL×２本）を強力両面テープで接着します。

❷ ビニールテープ・マスキングテープ・キラキラテープなどで装飾しましょう。

強力両面テープを使おう

両面テープには、目的に応じて様々な種類があります。特に接着力を重視したいときは強力両面テープや超強力両面テープを使ってみましょう。接着力がとても強いので、保育者が一緒に使うようにしましょう。

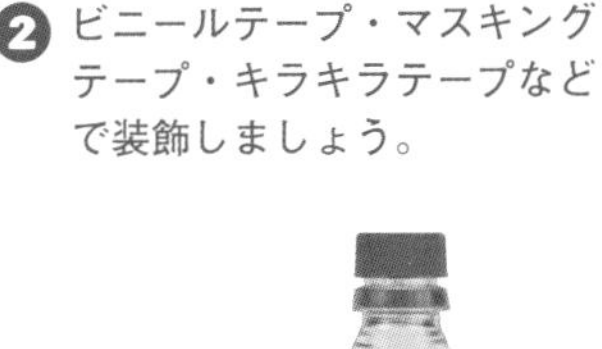

○ 強力両面テープで接着した場所。

援助のポイント

ペットボトルの材質は、ポリエステルというプラスチック素材から作られていますので、通常の接着剤では接着できません。ここで紹介した強力両面テープがおすすめです。遊びが終わったらリサイクルに出せるよう、装飾は必要最小限にしましょう。

いろいろなテープを使ってみよう！

色テープを使ってデザインしよう

対象 4 歳児〜

いろいろな模様のマスキングテープを組み合わせたり、
布を両面テープで貼りつけたり、テープを使ってきれいな装飾をしよう。

No.70

ペンさし

準備するもの マスキングテープ・紙パック・はさみ

❶ 紙パックを、使いやすい長さ(10cmくらい)に切ります(保育者)。

❷ 紙パックに、いろいろなマスキングテープを貼って装飾します。貼り直しもできます。口の部分は、はさみで切ってデザインします。

色を交互にしたり、面で色を変えたり、いろいろなもようを考えよう。

No.71

片段ボールごま

準備するもの
両面テープ・片段ボール・はさみ・丸ばし・布・布テープ

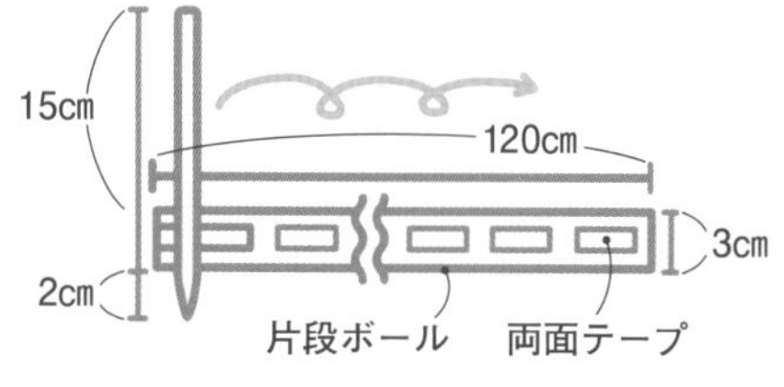

片段ボール(3cm×120cm)に両面テープをつけて、丸ばしに巻きつけます。丸ばしの代わりにフランクフルトの棒を使ってもOKです。

友だちと一緒にこまを回して、どっちが長く回るか勝負してみましょう。こまの周囲に、布や布テープで貼ってもOK。

大きな造形物を作る！

協力してダイナミック造形にチャレンジしよう

いろいろなテープや画用紙・段ボールを組み合わせ、みんなで協力しながら、
大きな造形物に挑戦してみましょう。

みんなで協力して、
色鮮やかな花火をたくさん打ちあげましょう。

No.72

マステ花火 5歳児 Ⅱ期

準備するもの
ビニールテープ・マスキングテープ・はさみ・画用紙または模造紙

いろいろな色のビニールテープやマスキングテープを、はさみや手で切っていきます。

長いもの
四角いもの
三角のものなど

マスキングテープを
切って貼っていくよ！

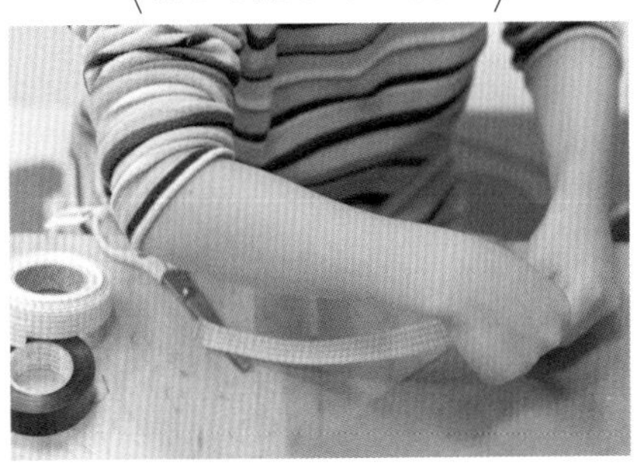

No.73

段ボールの基地 5歳児 Ⅲ期

準備するもの
布ガムテープまたはクラフトテープ・段ボール（いろいろな大きさのもの）・段ボールカッター・油性ペン

❶ 段ボールカッターで、段ボールを切り抜いて、入り口や窓を作ります。

❷ 布ガムテープなどを使って、ドアを取りつけたり、屋根を取りつけたりしていきましょう。

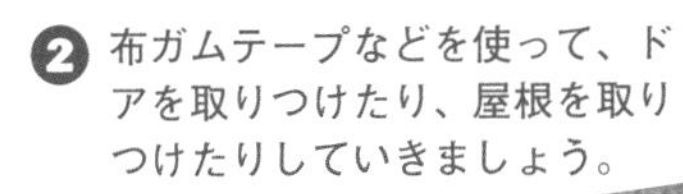

くずれないように、
大きな柱をつけたよ！

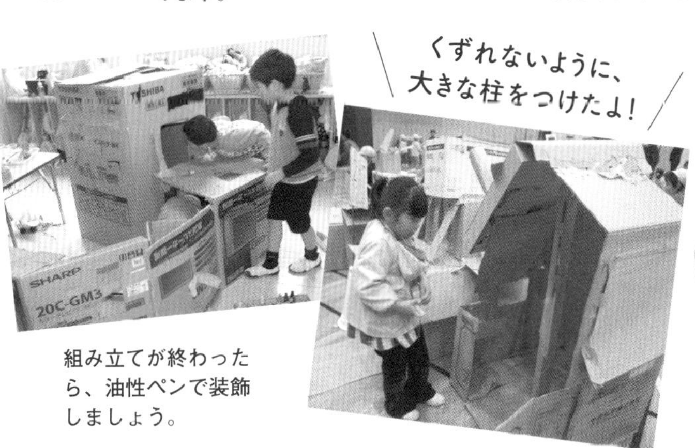

組み立てが終わったら、油性ペンで装飾しましょう。

No.74

段ボールザウルス

準備するもの

布ガムテープ・両面テープ・木工用接着剤・段ボール（いろいろな大きさのもの）・段ボールカッター・布・色画用紙やクレヨンなど装飾に必要なもの・はさみ

作り方&遊び方

1. 段ボールを組み合わせて、足や胴体を組み立て、布ガムテープで接合していきます。
2. 形ができたら、布などの飾りや色画用紙をはさみで切って作った装飾を両面テープまたは木工用接着剤などで貼っていきます。

みんなのイメージを出し合いながら形を作ります。

もようや形は図鑑なども参考にしましょう。

援助のポイント

この時期は、自分たちの力で作ったという達成感を味わえるように感じられることがポイント。安全面、用具の準備をして必要なときにのみ援助することがポイント。

段ボールを組み合わせて研究中！

巨大な段ボールザウルスが完成！

ガォ～

くずれないように、しっかりと段ボール同士を固定しましょう。

ガォ～

今にも動き出しそうだね！

TOOL 07

カチッと
とめてね

ホチキス（ステープラー）

紙をとめる道具であるホチキスは、使い方をきちんと覚えることが大切な用具です。
4～5歳児の平均握力があれば片手でも使用できます。

くぼみ

ここに親指をしっかりと合わせて押すと、ホチキスの針が飛び出します。

ホチキス（ステープラー）

リムーバー

とめた針をはずしたいときに、針に差し込んで引き抜きます。子どもには危険があるので、保育者がおこないましょう。

裏

開くと！

ホチキスの針

ホチキスを開いて、針をセットします。

【正しい使い方】

くぼみに親指を置いて、ほかの4本の指で下を支え、握るように持ちます。紙を挟んで、握るようにしてとめましょう。

くぼみに親指があたっていない。

押す力が弱いときは？

握力が弱い場合は、とめる位置を決めたら、両手で持ってとめたり、机に置いて両手でとめたりしましょう。（P.68参照）

STEP1 知ろう！

年齢別・発達別

ホチキスの使い方

ホチキスは、特に使い方に注意が必要な
用具です。安全面に考慮しながら、
５つのステップで使い方を身につけていきましょう。

LEVEL 1　対象 3歳児～

ホチキスを机の上に置き、両手で押してとめる

最初は、ホチキスを机の上に置いて両手で押してとめる練習をしましょう。このとき、「①上からまっすぐ力を加える」と「②とまると音がする」の２つのことを伝えましょう。

LEVEL 2　対象 3歳児～

ホチキスを机の上に置き、片手で押してとめる

ホチキスを机の上に置いて両手で押すことに慣れてきたら、今度は、ホチキスを机の上に置いて片手で押してとめる練習をしましょう。

LEVEL 3　対象 4歳児～

ホチキスを両手で持ち、握るようにとめる

手の力がついてきたら、ホチキスを両手で持って、握るようにしてとめる練習をしてみましょう。

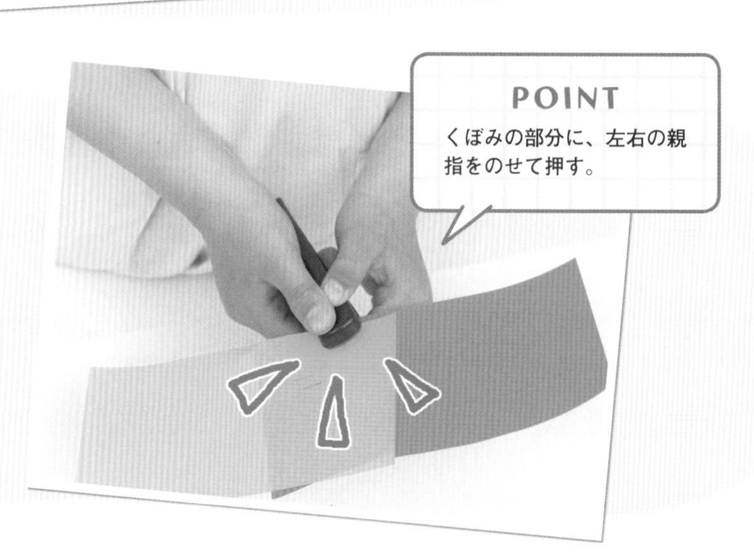

LEVEL 4 対象 4歳児〜

ホチキスを片手で持ち、握るようにとめる

両手で持ってとめることに慣れてきたら、今度は、保育者が援助しながら片手で持って握るようにとめる練習をしてみましょう。

POINT
紙の位置がずれてしまうときは、保育者が援助しましょう。

LEVEL 5 対象 5歳児〜

ホチキスを片手で持ち、もう片方の手で紙を持ってとめる

最後は、とめるものを片手で持ち、もう片方の手でホチキスを持ってとめる練習をしていきましょう。

POINT
力が足りずに押すのが大変なときは、薄い紙を使うようにしましょう。

ホチキスの安全上の注意

- ホチキスの針はとがっているので、決して指をはさまないようにする。
- 針が落ちたときは、すぐに拾って缶などに入れる。
- 最初は一般的なサイズで練習し、慣れたら大きなホチキスも体験してみる。
- ホチキスでとめたものを身につけるときは、必ず針の先が体の外側に向くようにする。

外に出た針は、自分の手や友達を傷つけるおそれがあるので、必ずその上からセロハンテープまたはビニールテープで保護しておくこと。

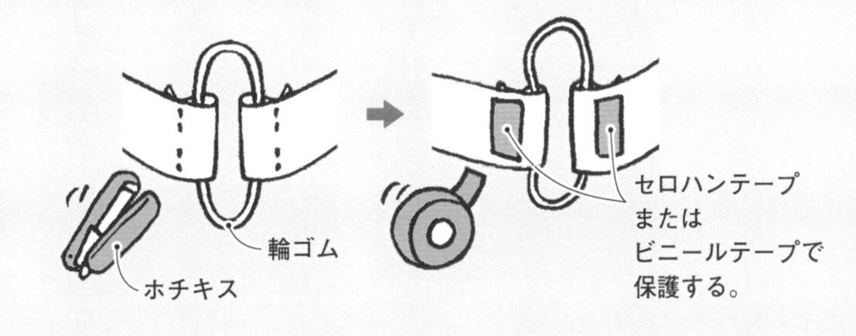

STEP 2 作ってみよう！

たくさんとめよう！

対象 4歳児〜

気持ちのいいホチキスの感触を楽しもう！

まずはホチキスをたくさん使ってみましょう。しっかり押して、針を正しく出し、紙と紙をとめられるようになりましょう。

No.75

とめてとめてとめまくろう！

4歳児 I期

準備するもの ホチキス・色紙

作り方&遊び方

1. 半分に切った色紙を重ねて、ホチキスでとめます。
2. さらに、奥や手前など、色紙のいろいろな場所を、ホチキスでとめます。

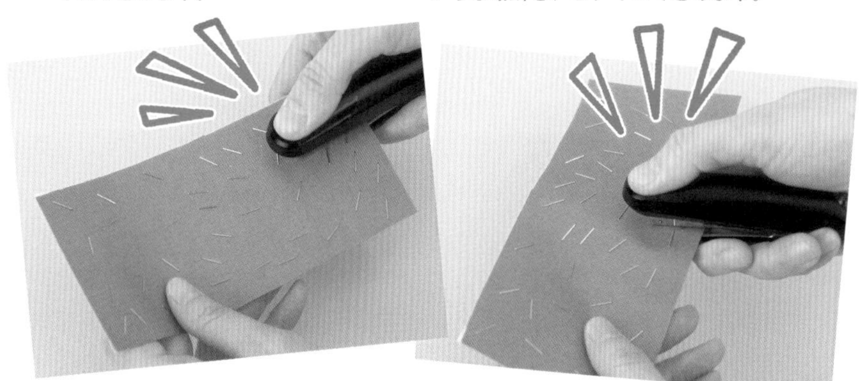

援助のポイント

ホチキスがとめられるようになったら、とめる遊びをしましょう。最初のワンクッションのあと、真上から一気に握ってとめるのがコツです。

No.76

キュートホチキスバッグ

4歳児 II期

準備するもの ホチキス・色画用紙・穴あけパンチ・リボン

作り方&遊び方

1. 色画用紙の両端をホチキスでとめていきます。裏面は上からビニールテープでカバーします。
2. 穴あけパンチで穴をあけて、リボンを通して結んで完成です。

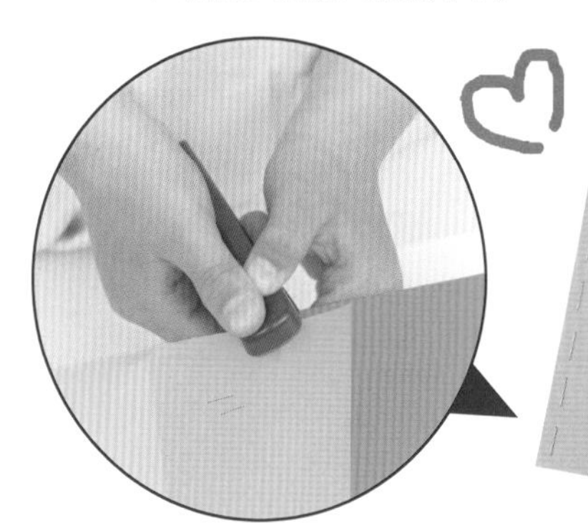

援助のポイント

保育者が色画用紙を束ねて、子どもがホチキスでとめましょう。また、ホチキスの針は、ケガをすることがあるので、上からビニールテープなどでとめておきましょう。

STEP3 アレンジしてみよう!

ホチキスでもできるよ!

ホチキス・マイスターになろう!

これまでほかの用具で紹介してきた造形の中から、
ホチキスでも作れる作品を紹介します。

LEVEL 1~4

いろいろなとめ方をしてみよう!

No.77

ホチキスで つないでみよう!

P.37「はさみ」を見てみよう!

ホチキス活動のPOINT

紙帯を重ねて、ホチキスに差し込んで、両手でとめていきましょう。

No.78

ホチキスで 帯つなぎ

P.50「のり」を見てみよう!

ホチキス活動のPOINT

紙帯が細すぎると、ホチキスの作業がむずかしくなるので、太目に切るようにしましょう。

No.79

ホチキスで どんどんつなごう

P.49「のり」を見てみよう!

ホチキス活動のPOINT

手でさいた新聞紙を、ホチキスでたくさんつなげていきます。みんなと協力しながら遊ぼう!

No.80

ホチキスで 紙帯ムシ・アニマル

P.52「のり」を見てみよう!

ホチキス活動のPOINT

紙帯や、丸・三角・四角などいろいろな形の紙を作って、一つずつセットして、両手でホチキスを押してつなげていきます。

LEVEL 4

ホチキスを片手で持ってとめよう！

No.81

クリスマスカクタス 4歳児 Ⅲ期

準備するもの ホチキス・色画用紙（八ツ切り）・はさみ・のり・色紙

❶ 色画用紙（八ツ切り）にはさみを入れ、輪にして重なったところをホチキスでとめます。

❷ 重なったところの帯と、その反対側の帯をのりづけして持ち手にします。

❸ ほかの帯は外側に垂らします。色紙で装飾します。

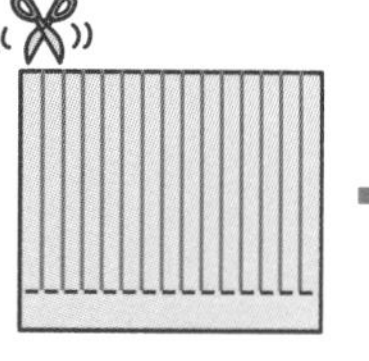

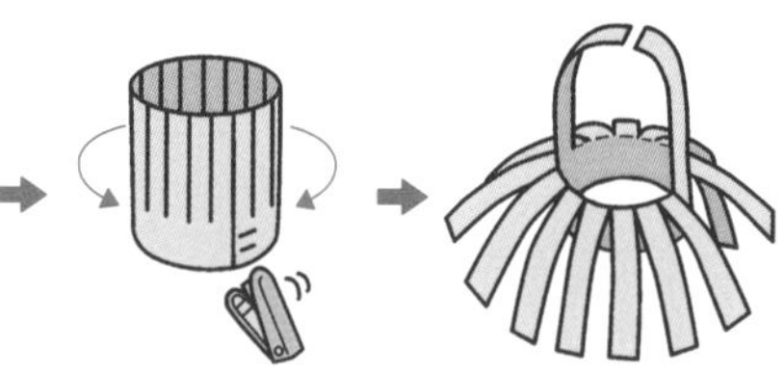

北半球でクリスマスの時期に咲く花として知られるクリスマスカクタス。天井などからつるして飾りましょう。

No.82

ぴょんぴょんタコさん 5歳児 Ⅰ期

P.53「のり」を見てみよう！

ホチキス作業のPOINT

色紙を丸めて、重なり部分をホチキスにはさんで、ホチキスを斜めに入れ、片手でとめます。足は、一つひとつセットして、ホチキスでとめます。このような場合は1つの帯にホチキスを2回程度とめるとしっかり固定されます。

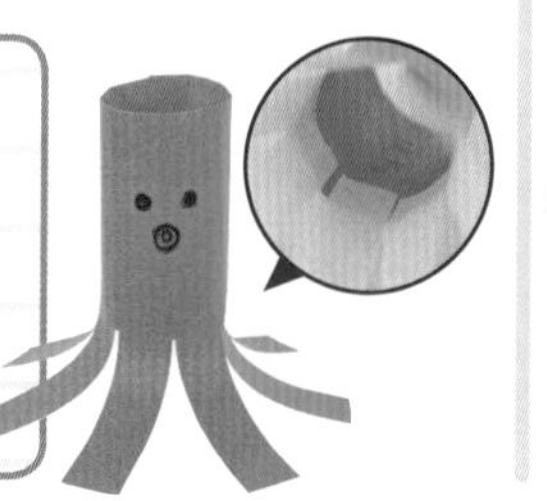

No.83

でんでん太鼓 5歳児 Ⅱ期

P.62「テープ」を見てみよう！

ホチキス作業のPOINT

重ねた紙皿をとめるときは、より力を込めてホチキスをとめるようにしましょう。

LEVEL 5

ホチキスを片手で持ち、もう片方の手で紙を持ってとめよう！

No.84

マスク＆変身ベルト 5歳児 Ⅱ期

準備するもの ホチキス・色画用紙（八ツ切り）・画用紙（八ツ切り）・はさみ・クレヨン・セロハンテープ・輪ゴム・ビニールテープ

P.40「はさみ」を見てみよう！ ※ここでは「NO.38 王冠＆ティアラ」をもとにして、マスク＆変身ベルトにアレンジしています。

❶ 色画用紙（八ツ切り）を下図のように切り、ベルトの飾りとマスクを作ります。クレヨンで絵やもようをかきます。

❷ 画用紙を帯状に切って、マスクにセロハンテープでとめます。

❸ 色画用紙のベルトにしてこいのぼりをテープで貼る。画用紙を帯状に切って、子どもの腹囲に合わせて調整します。

❹ ホチキスの針をビニールテープで隠す（裏側も同様に）。バンドは、輪ゴムを通して、紙帯を折って、片手でホチキスを持ってとめます。

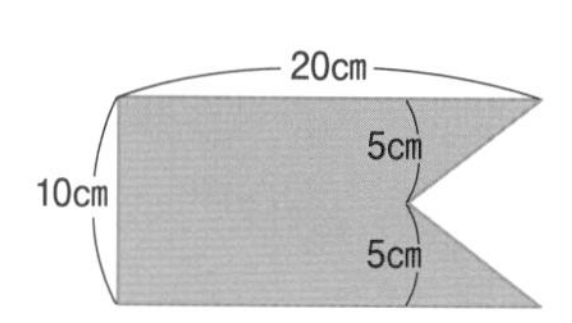

TOOL 08

保育者用

知っておくともっと役立つ
いろいろな用具と材料

ここではカッターや定規をはじめとして、保育者が知っておく必要のある用具の使い方や、子どもたちの材料の準備について紹介します。

保育者用

小型カッター

画用紙などの薄い紙を切る際には、小型カッターを使用します。

カッターマット

切るものよりも少し大きめのサイズを用意しましょう。ない場合は、段ボールやボール紙でも代用できます。

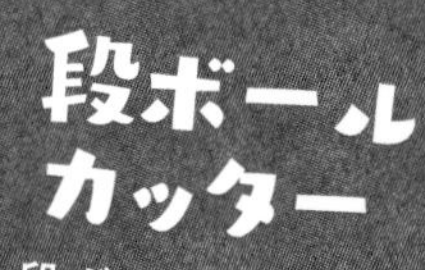

保育者用

大型カッター

厚い紙や段ボールなどを切る際は、刃の幅が太い大型カッターを使用します。

段ボールカッター

段ボールを切る際には、専用の段ボールカッターも便利です。

※カッターは、必ず保育者が使うようにしましょう。子どもたちの前で使用する際には、不用意にふれないこと、危険を伴う道具であることを伝えましょう。幼児期にカッターを使うことは絶対に避けましょう。

マメちしき

カッター使用時におすすめの定規

切る際に、刃で削られない、ステレス製の定規などがおすすめです。

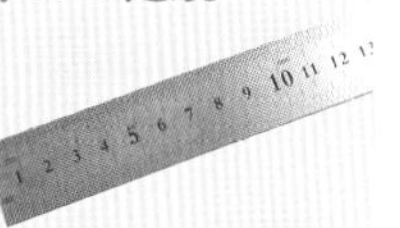

保育者が知っておくべき

安全なカッターの使い方

すばやくカットできたり、はさみでは切りにくいものが切れる用具です。しかし、使用方法によっては危険を伴うので、安全な使い方を紹介して活用しましょう。

★切れなくなった刃は、刃のミゾにそってペンチなどではさんで折り、いつも新しい状態で使いましょう。

紙の切り方

小型カッターを鉛筆のように持ち、手前に引いて切っていきます。金属製ではなくプラスチックの定規を使う場合は、メモリがない厚みのある方を切りたい線に合わせます。

厚紙の切り方

厚紙や長い直線を切るときは、大型カッターを上から持ち、カッターをできるだけ寝かせて人差し指を背にそえるようにして、何回かに分けて少しずつ切っていきます。

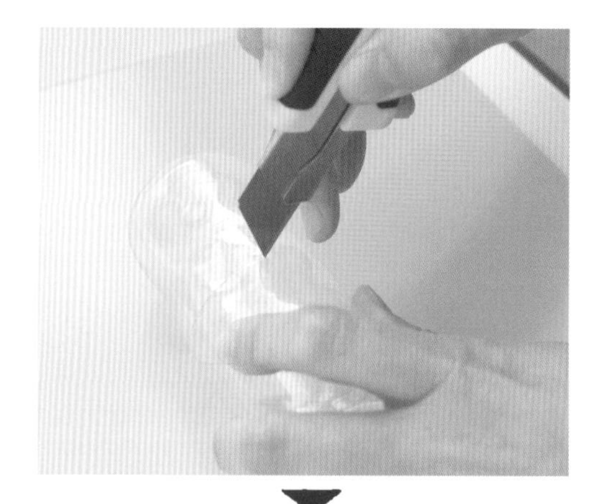

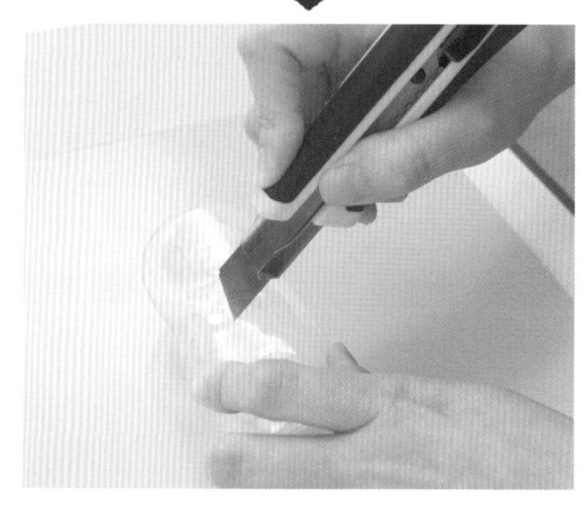

立体的なものを切る

ペットボトルなどの立体的なものを切る際には、刃を1~2cm出しカッターをできるだけ立てて刺して少し切り、抜いたあと、さらにその下を刺して切って抜いて、をくり返すと、うまく切ることができます。

カッターのように使う

特殊な用具の使い方

厚紙を折り曲げたいときは、定規に沿ってはさみの刃で、切り込みをいれることで、折り目をつけることができます。

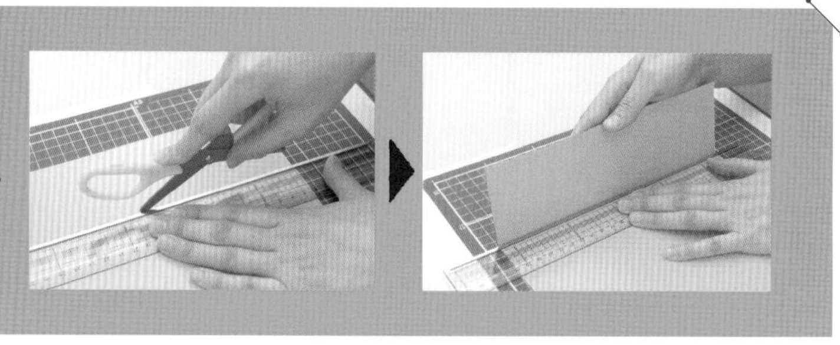

知っていると超便利！
身近な"ものさし"を知ろう

ちょっと長さを把握したいときに便利なのが、紙コップと硬貨。豆知識として知っておいて損はありません。

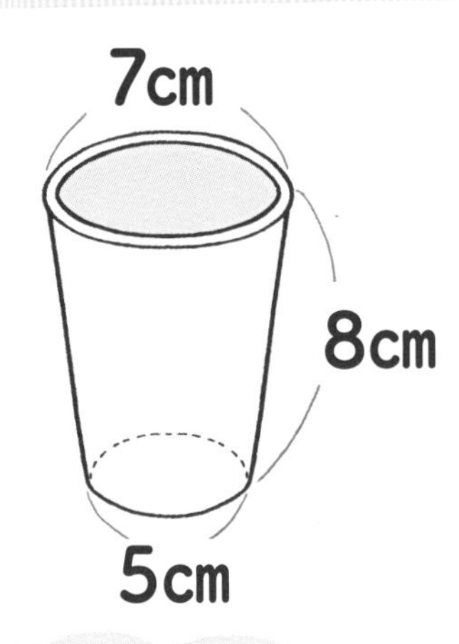

紙コップ(205mL)

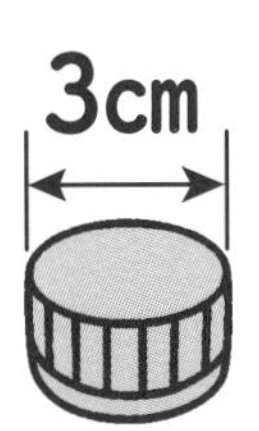

ペットボトルのキャップ

1円玉

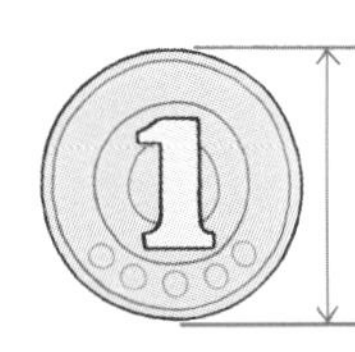

5円玉

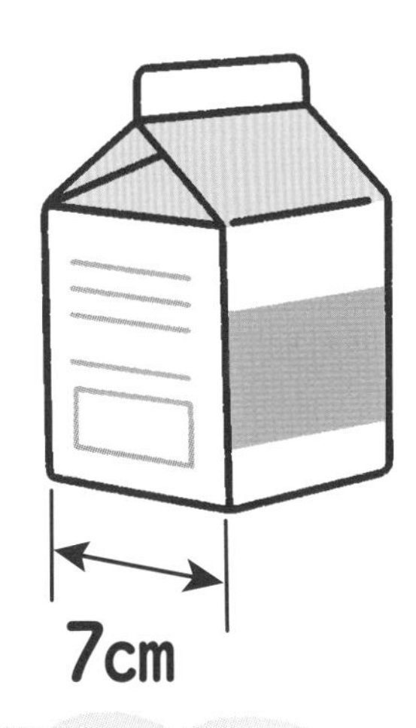

紙パック(500mL)

マメちしき

ものを等分に切る方法

保育活動の中で、ものを等分に切る必要があるときは、次のような方法をおこなってみましょう。

例：紙パックを8等分に切る場合

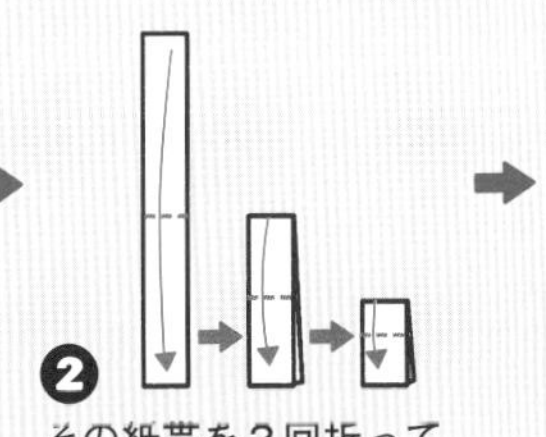

❶ 紙パックと同じ長さの紙帯を切ります。

❷ その紙帯を3回折って、8等分にします。

❸ 紙パックに8等分にした紙帯に合わせて、7か所に油性ペンで印をつけます。

❹ 印に合わせて、はさみで切ります。

幼児期に体験しておきたい
造形用具&材料早見表

STEP1 用具について知ろう!

ここでは幼児期に経験しておいてほしい用具を取りあげました。〇歳児では〇〇と当てはめるのではなく、子どもの発達や表現したいものに合わせた適切な援助が必要です。

◎もっとも重要な用具

クレヌン&パス P.7~

ペン P.15~

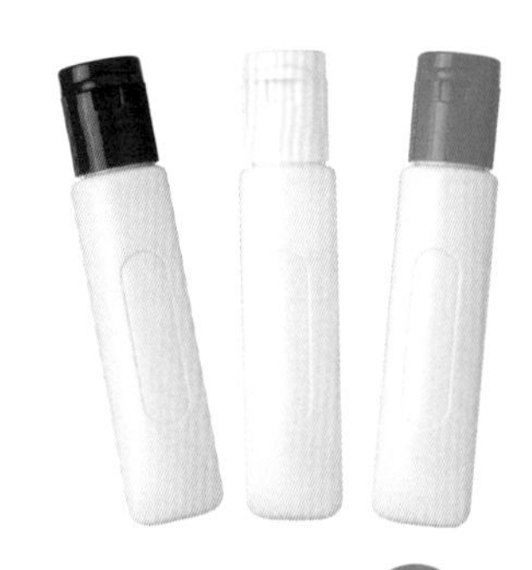

絵の具 P.19~

はさみ P.33~

のり P.45~

テープ P.57~

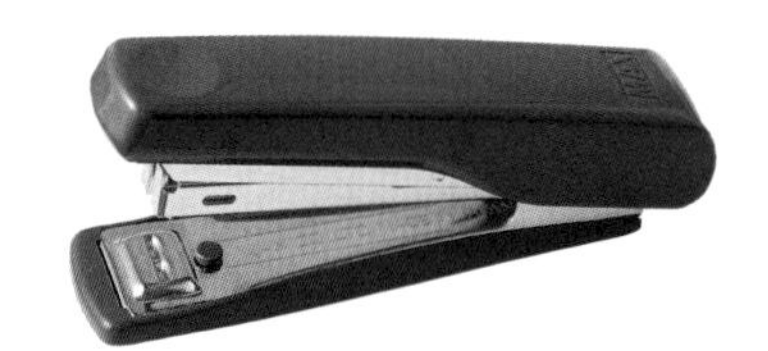

ホチキス P.67~

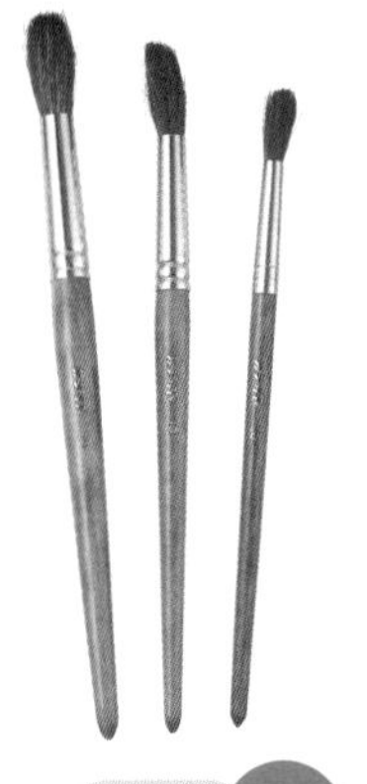

筆 P.19~

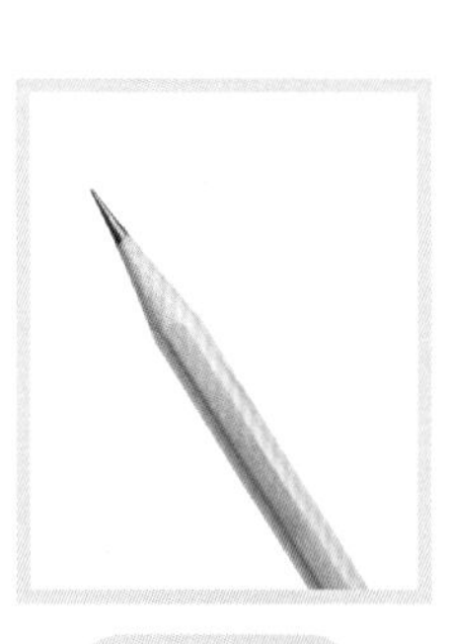

鉛筆

表

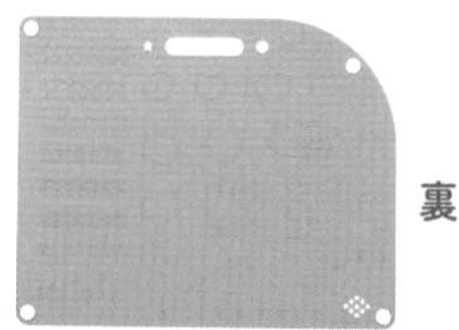

裏

粘土板

用具と材料について

ものづくりは、人間が生活し、文化を創っていく際の基本的な行為です。子どもたちの成長においても、発達に合わせて適切な材料・用具を使用する経験が必要になります。用具は危険性を伴うものがありますが、いたずらに恐れることなく、保育者の適切な援助のもと、使用する経験を積みあげてください。材料については、できる限りいろいろな素材のものにふれて、実際に造形に取り入れてみましょう。ここで紹介するものは、用具と材料のどちらにも使えるものもあります。

○重要な用具

パレット P.19~

筆洗いバケツ P.19~

スポンジ P.19~

つまようじ

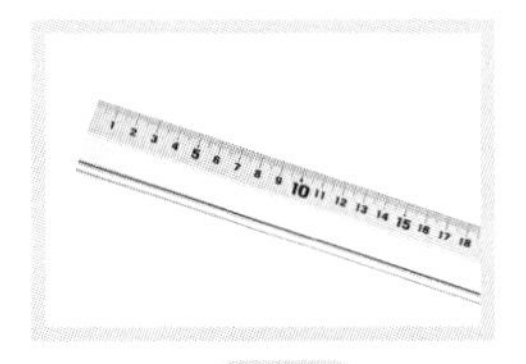

定規

色鉛筆

墨

ペンチ類

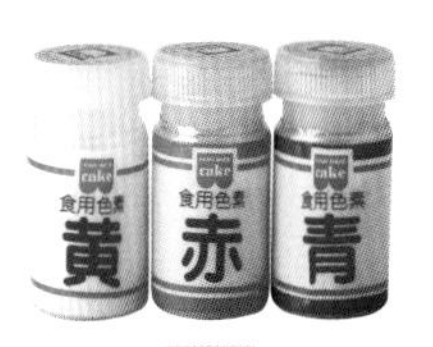

食紅

丸ばし

穴あけパンチ

カルコ（またはキリ）

段ボールカッター

木工用接着剤 P.45~

●経験しておくとよい用具

ピンキングはさみ

クラフトパンチ

皿

のこぎり

かなづち

くぎ

綿棒

スプーン

アイスクリーム
スプーン

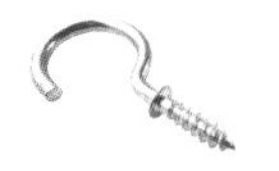

ヨート、ヒートン、
ヨーオレ

バケツ

絞り袋

ピン

STEP 2 材料について知ろう！

もっとも重要な材料として14種類を選びました。P.79では6つのジャンルごとに、できるだけ使用してほしい重要な材料を紹介していきます。

◎もっとも重要な材料

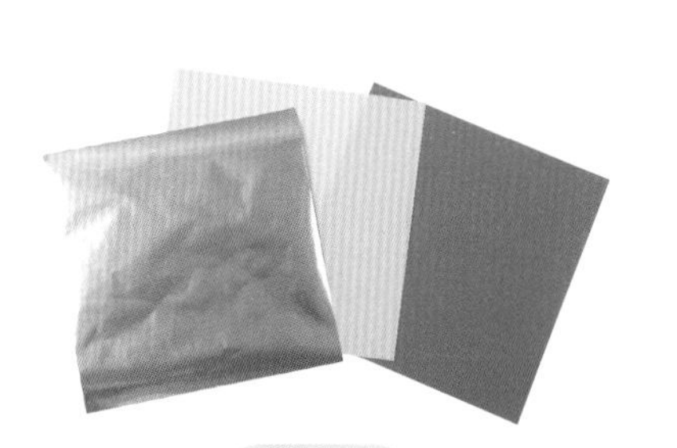
色紙※

（色）画用紙

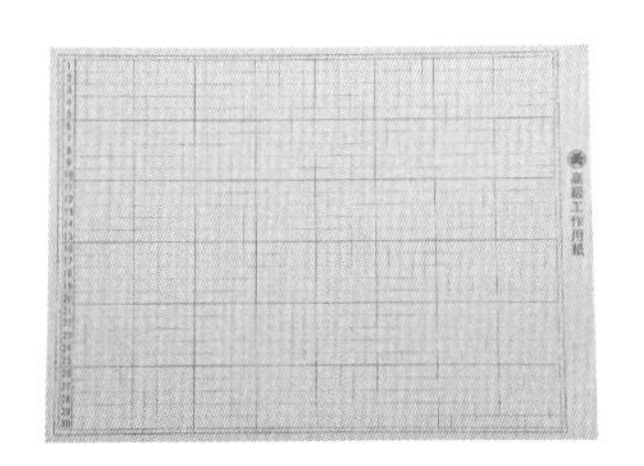
工作用紙

段ボール

新聞紙

紙皿

紙コップ

ストロー

輪ゴム

割りばし・丸ばし

モール

たこ糸

紙粘土

油粘土

紙の目（繊維）について

造形をするものによっては、「紙の目」を意識して作る必要があります。「紙の目」は、下の写真のように手で持って垂らすと、簡単に判断できます。紙の目に沿っているほうが弾力があります。紙や新聞を破るとき、簡単に破れるほうが、紙の目に沿っている方です。

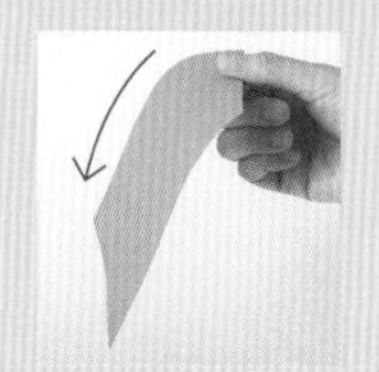
紙の目に沿って持っている

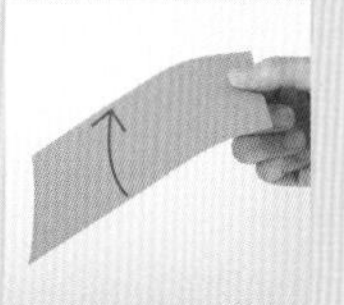
紙の目に沿って持っていない

※本書では、「折り紙（おりがみ）」のことを「色紙（いろがみ）」と表記しています。折り紙は、工作に大活躍します。そんな自由度の高い紙を「折り紙」と呼んでしまうと、ときに「折り紙をするためにある紙」と限定的にとらえてしまうことにもなりかねません。色紙の中核に折り紙の仕事があるわけです。折り紙は色のついた何にでも使える紙という意味で色紙（いろがみ）と呼び、折り紙をするときは、「色紙で折り紙をするよ」などと子どもたちに言葉かけをしてみてください。

○重要な材料

紙の仲間

コピー用紙

ティッシュペーパー

はなおりがみ

和紙

片段ボール

スズランテープ

紙テープ

丸シール

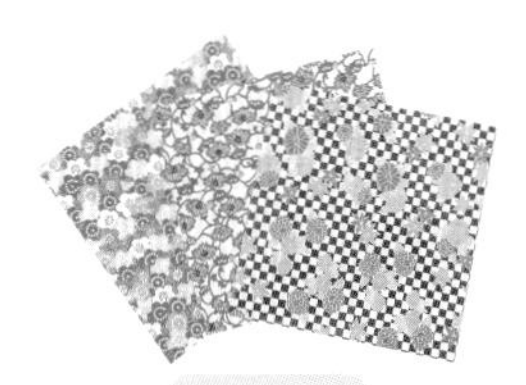
千代紙

でんぐり

使い捨て用品の仲間

発砲トレー

油こし紙

透明コップ

スポンジ

弁当パック

竹串

つまようじ

紙ボウル

袋の仲間

ごみ用ポリ袋又は、
カラービニパック

封筒

レジ袋

かさ袋

ポリ袋

紙袋

廃材の仲間

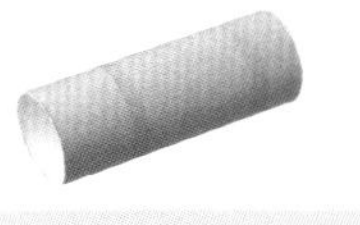
トイレットペーパーの芯

ヨーグルトドリンクなどの
ミニペットボトル

プリンカップ

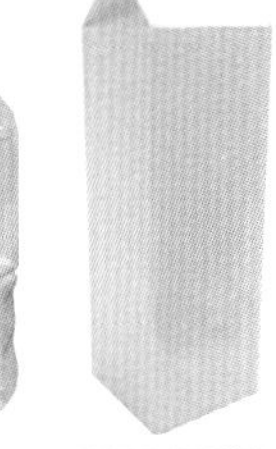
ペットボトル

紙パック

お菓子などの箱

キャップ

ひもの仲間

テグス

綿ロープ

リボン

紙ひも

いろいろな仲間

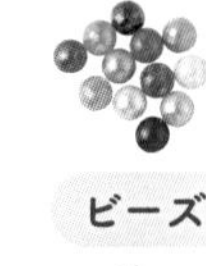
ビーズ

綿

不織布

タオル

著者紹介

竹井 史（たけい ひとし）
同志社女子大学
現代社会学部 現代こども学科
教授

筑波大学大学院人間総合科学研究科後期博士課程芸術専攻満期退学。富山大学人間発達科学部教授、愛知教育大学教育学部教授、愛知教育大学附属名古屋小学校校長などを歴任。専門は、美術教育学、幼児教育（造形・遊び）。林竹二、灰谷健次郎に影響を受け、大学時代を沖縄で過ごす。これまで、もの作りを中心とした様々な遊びイベントを主催し、7万人以上の親子とふれあう。現在は、幼児に望ましい土環境のあり方と援助、身近な素材を使ったおもちゃ作りについて研究をすすめている。文部科学省『図画工作科で扱う材料や用具』作成協力者。『文部科学省検定済教科書 図画工作1年～6年』（日本文教出版）企画及び著者メンバーなど。
ホームページ：タケイラボ https://www.takeilab.com/

\ Special thanks！ /

ご協力いただいた方々

富山県滑川市 同朋こども園の先生方
愛知県刈谷市立 かりがね保育園の先生方
愛知県刈谷市立 さくら保育園の先生方

スタッフ

作品製作
同朋こども園の園児のみなさん
かりがね保育園の園児のみなさん
さくら保育園の園児のみなさん

モデル
森影 由彩（キャストネット）

作り方イラスト
ハセチャコ

撮影
中川真理子 向殿政高 花田真知子 竹井 史 野口 武

お道具戦隊・作るんジャーイラスト
えのきのこ

装丁・デザイン
ohmae-d

編集協力
野口武（JET）

編集
関口千鶴

おわりに

本書出版につきまして、本当にたくさんの方々のご協力をいただきました。お礼申しあげます。特に取材のご協力を頂きました、富山県滑川市同朋こども園長 蜷川徳子先生、刈谷市かりがね保育園長 柘植いづみ先生、同双葉幼稚園長 中野恵美先生、そして実践してくださった先生方、モデルになっていただいたたくさんの園児のみなさまに心から感謝いたします。また、本書の企画・編集で大変お世話になりました、メイト編集部 関口千鶴さま、JET野口武さま、スタッフのみなさま、出版の機会を頂きました株式会社メイトのみなさまに心からお礼申しあげます。

竹井 史

2019年8月1日 初版発行©

著者 竹井史
発行人 竹井亮
発行・発売 株式会社メイト

〒114－0023
東京都北区滝野川7－46－1
明治滝野川ビル7・8F
電話 03－5974－1700（代）
印刷 光栄印刷株式会社

本書は、保育月刊誌『ひろば』及び、ひろばブックス『まいにちぞうけい115』の掲載記事に新たな内容を加筆し製作したものです。